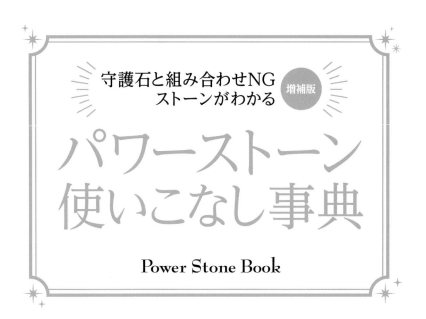

守護石と組み合わせNG
ストーンがわかる 増補版

パワーストーン 使いこなし事典

Power Stone Book

パワーストーンカウンセラー協会

JN041967

主婦の友社

はじめに

マイパワーストーンを使いこなせるようになろう！

パワーストーンは、持ち主の気持ちを増幅させるもの。なので、ただ身に着けるだけではなく、これを着けて幸せになるんだ！という強い気持ちと、信じる心が重要なのです。信じる気持ちを持ってパワーストーンを身に着ければ、どんな人でも幸せになれますし、奇跡はやってきます。

20年前から、お客さまへの提供を通してパワーストーンの研究をさせていただいてきました。そして、目の前でたくさんの奇跡が起きてくるのを見てきました。

パワーストーンは、持ち主の思いを読みとります。なので、持ち主の思いが無限大なら、パワーストーンも無限大になろうとしてくれます。

私自身も、ガンを無治療で克服したり、事故から守ってもらったり、たくさんの奇跡体験をしてきました。

パワーストーンは地球の一部。人間であればだれもが恩恵を受けています。私たちは、パワーストーンの上に生きている！と考えると、とても壮大ですよね。

パワーストーンに感謝しつつ、ご自身の夢をパワーストーンに託していってみましょう！

マイパワーストーンを選んで使いこなすまでのステップ

STEP・1 ｜ マイパワーストーンを選んでみよう！

パワーストーンの選び方には、さまざまな方法がありますが、最もポピュラーで簡単な方法は、願いやそのときどきの気持ちに合わせて選ぶこと。パワーストーンには、それぞれ効果がありますので、そのときに合わせて身に着けるといいでしょう。その日の気分に合わせて着けていただくのもいいですね！

また、どうしてもかなえたいことがあるときや、具体的な悩みがある場合なども、この方法での選び方がオススメです。必ず、うまくいくところをイメージしながら、願いがかなうまで持ち続けてみてください。着け始めたときには何も感じなくても、時間が経つにつれてあなた自身が成長し、ストーンとエネルギーが共鳴し、効果が実感できるようになります。

具体的な願いや悩みがない場合は、生涯通じて変わらない守護石を、1つは持っておくことをオススメします。なぜなら、守護石は生まれたときの生年月日から「軌道数」によって算出され、生涯を通じてあなたを守り導いてくれるストーンだからです。

パワーストーン選びにだいぶ慣れてきたら、インスピレーションで選ぶことに挑戦してみましょう。インスピレーションというと、少し難しいと感じるかもしれませんが、なんとなく気になる！という感じを持ったことはあると思います。パワーストーン選びには、この「なんとなく

気になる」というのがとても大切です。そんな感じをパワーストーンに対して持つことができたら、そのストーンはあなたと共鳴しているという証拠です。

　いずれにしても、パワーストーンを選ぶときには、今現在の状況ばかり基準に考えるのではなく、願いがかなったら自分がどんなふうになっているのかな？という目線で判断してみましょう。

STEP・2 ｜ 実際に持ってみよう！

　ブレスレットにして、アクセサリーにして、または原石で……。持ち方はいろいろあります。自分に合った持ち方を選び、いつもパワーストーンとともに生活してみてください。

STEP・3 ｜ マイパワーストーンを使いこなそう

　マイパワーストーンを手に入れることができたら、ただ持つだけでは効果を実感できません。本書には、使いこなすための方法が、たくさん書かれています。

　まずは、実際に手に取ったパワーストーンのページを開いてみてください。使い方、組み合わせるといい石、NGな石など細かく記されています。そして、実際に使い始める前にはp.142のコラムを一読してみてください。

　一般社団法人パワーストーンカウンセラー協会では、20年間の研究結果をもとに、カウンセラーをはじめ、パワーストーンの専門家を育てています。

マイパワーストーンはなんだろう？
私のストーンは元気かな？
私のストーンの効果的な活用方法は？

　そんな悩みが解消されるように、この本は書かせていただきました。
　また、実際にお近くのパワーストーンカウンセラーにお尋ねいただくのもいいと思います。

　そして、ブレスレットやアクセサリーとして持つだけでなく、開運のためにご自宅や職場への活用の方法も書かせていただきました。

　ぜひ、取り入れやすい方法で使いこなしていってください。

一般社団法人パワーストーンカウンセラー協会

代表理事　市川恭子

Contents

はじめに …………………………… 2

パワーストーンの選び方－1
願いや気持ちで選ぶ ………… 8

金運 ……………………… 9

恋愛運 ………………… 10

結婚運 ………………… 11

妊娠・出産 …………… 12

健康運 ………………… 13

人間関係 ……………… 14

厄除け ………………… 15

ヒーリング効果 ……… 16

トラウマの解消 ……… 17

自信をつける ………… 18

目標達成！…………… 19

パワーストーンの選び方－2
守護石で選ぶ ……………… 20

軌道数1、軌道数2 …………… 21

軌道数3、軌道数4 …………… 22

軌道数5、軌道数6 …………… 23

軌道数7、軌道数8 …………… 24

軌道数9、軌道数11 ………… 25

軌道数22 ……………… 26

パワーストーンの選び方－3
直感で選ぶ …………… 26

今のあなたに必要なパワーを最大限にする
パワーストーン組み合わせ事典

アクアマリン ……………… 28
シーブルーカルセドニー、ブルーレースアゲート、
ムーンストーン、モルガナイト

アベンチュリン ……………… 30
グリーンアメシスト、シトリン、
プレナイト、フローライト

アマゾナイト ……………… 32
スモーキークオーツ、ターコイズ、
ラブラドライト、ラリマー

アメシスト ……………… 34
アメトリン、オニキス、
ブルーレースアゲート、ローズクオーツ

アラゴナイト ……………… 36
アベンチュリン、カルセドニー、
マザーオブパール、ローズクオーツ

アンバー ……………… 38
アベンチュリン、ガーネット、
スモーキークオーツ、タイガーアイ

エンジェライト ……………… 40
アクアマリン、クンツァイト、
パール、ブルートパーズ

オニキス ……………… 42
アメシスト、クリスタルクオーツ、
スモーキークオーツ、ラピスラズリ

オレンジムーンストーン ……………44
カーネリアン、レッドルチルクオーツ、
ローズクオーツ、ロードクロサイト

ガーデンクオーツ ……………46
アベンチュリン、クリスタルクオーツ、
ラブラドライト、ルチルクオーツ

ガーネット ……………48
アパタイト、アメシスト、
ブラッドストーン、ロードクロサイト

カーネリアン ……………50
オレンジムーンストーン、タイガーアイ、
レッドルチルクオーツ、ロードクロサイト

カルセドニー ……………52
アクアマリン、クリソプレーズ、
ボツワナアゲート、ラリマー

クリスタルクオーツ ……………54
ガーデンクオーツ、シトリン、
ルチルクオーツ、ローズクオーツ

クリソコラ ……………56
アイオライト、ジェダイト、
マラカイト、ラブラドライト

クンツァイト ……………58
シトリン、モルガナイト、
ローズクオーツ、ロードクロサイト

サードオニキス ……………60
オレンジムーンストーン、ガーネット、
カーネリアン、ローズクオーツ

サンストーン ……………62
シトリン、タイガーアイ、
ルチルクオーツ、レッドルチルクオーツ

シーブルーカルセドニー ……………64
アクアマリン、アマゾナイト、
ブルーレースアゲート、ラリマー

ジェダイト ……………66
アズライト、スモーキークオーツ、
ラブラドライト、ルチルクオーツ

シトリン ……………68
ニュージェイド、プレナイト、
ルチルクオーツ、ローズクオーツ

ジャスパー ……………70
スモーキークオーツ、ブラッドストーン、
ユナカイト、ラブラドライト

スギライト ……………72
アパタイト、チャロアイト、
ラリマー、ローズクオーツ

スモーキークオーツ ……………74
アイオライト、アマゾナイト、
カーネリアン、ラブラドライト

セラフィナイト ……………76
アベンチュリン、アメシスト、
スモーキークオーツ、ムーンストーン

ソーダライト ……………78
カイヤナイト、スモーキークオーツ、
ラピスラズリ、ラブラドライト

ターコイズ ……………80
アマゾナイト、アメシスト、
シーブルーカルセドニー、ラピスラズリ

タイガーアイ ……………82
ガーネット、サンストーン、
スモーキークオーツ、ルチルクオーツ

チベットアゲート ……………84
アメシスト、オニキス、
スモーキークオーツ、ラピスラズリ

チャロアイト ……………86
アメシスト、アンバー、
スギライト、ラリマー

ニュージェイド ……………88
クリソプレーズ、プレナイト、
フローライト、マラカイト

パール ……………90
アクアマリン、クリスタルクオーツ、
マザーオブパール、ローズクオーツ

パイライト ……… 92
アズライト、タイガーアイ、
ラピスラズリ、ルチルクオーツ

ハウライト ……… 94
オニキス、カルセドニー、
クリスタルクオーツ、スモーキークオーツ

ピンクオパール ……… 96
ブルーレースアゲート、レッドルチルクオーツ、
ローズクオーツ、ロードクロサイト

ブラックスピネル ……… 98
タイガーアイ、チャロアイト、
ラピスラズリ、ルチルクオーツ

ブラッドストーン ……… 100
アパタイト、ガーネット、
ユナカイト、レッドルチルクオーツ

ブルータイガーアイ ……… 102
アイオライト、オニキス、
タイガーアイ、ラピスラズリ

ブルートパーズ ……… 104
アクアマリン、アマゾナイト、
ムーンストーン、ラリマー

ブルーレースアゲート ……… 106
アクアマリン、アメシスト、
ムーンストーン、ローズクオーツ

プレナイト ……… 108
クリソプレーズ、シトリン、
ラブラドライト、ローズクオーツ

フローライト ……… 110
アメトリン、クリソプレーズ、
プレナイト、ラリマー

ヘマタイト ……… 112
オニキス、ガーネット、
タイガーアイ、ブラックスピネル

ペリドット ……… 114
アクアマリン、シトリン、
フローライト、ローズクオーツ

マザーオブパール ……… 116
オレンジムーンストーン、ピンクオパール、
ムーンストーン、ローズクオーツ

マラカイト ……… 118
アズライト、オニキス、
クリスタルクオーツ、ラピスラズリ

ムーンクオーツ ……… 120
ムーンストーン、モルガナイト、
ラリマー、ローズクオーツ

ムーンストーン ……… 122
アクアマリン、ラピスラズリ、
ラブラドライト、ローズクオーツ

モルガナイト ……… 124
アクアマリン、クンツァイト、
ローズクオーツ、ロードクロサイト

ラピスラズリ ……… 126
アズライト、オニキス、
カイヤナイト、ラブラドライト

ラブラドライト ……… 128
クリソコラ、スモーキークオーツ、
タンザナイト、ラリマー

ラリマー ……… 130
アパタイト、クンツァイト、
シーブルーカルセドニー、ラブラドライト

ルチルクオーツ ……… 132
サンストーン、シトリン、
タイガーアイ、ラブラドライト

レッドタイガーアイ ……… 134
ガーネット、カーネリアン、
タイガーアイ、レッドルチルクオーツ

ローズクオーツ ……… 136
シトリン、マザーオブパール、
ムーンストーン、ロードクロサイト

ロードクロサイト ……… 138
ピンクオパール、モルガナイト、
ルチルクオーツ、ルビー

ロードナイト ……………………… 140
　アメシスト、ガーネット、
　スモーキークオーツ、ローズクオーツ

Column
あなたのパワーストーンを
最高のお守りにするおまじない ………… 142

ストーンとのつき合い方がわかると
さらにパワーアップできる

パワーストーン使いこなし法

さまざまなスペシャルストーン ……… 144
　スペシャルストーン……………… 145
　宇宙系のストーン ……………… 146
　さまざまなルチルクオーツ ……… 147
　世界三大ヒーリングストーン …… 148
　高次元ヒーリングストーン ……… 149
　水晶の中に別のストーンが育つ
　特別なパワーストーン …………… 150
スペシャルストーンのエネルギー … 152
エメラルド ……………………… 153
　ガーデンクオーツ、ムーンストーン
カイヤナイト …………………… 154
　ラピスラズリ、サファイア
ギベオン ………………………… 155
　モリオン、プラチナルチルクオーツ
ゴールデンダンビュライト ………… 156
　ムーンストーン、クリスタルクオーツ
サファイア ……………………… 157
　ルチルクオーツ、ブラックスピネル
スーパーセブン ………………… 158
　ルチルクオーツ、アメシスト
ストロベリークオーツ …………… 159
　スーパーセブン、ロードクロサイト

モリオン ………………………… 160
　ラピスラズリ、ブラックルチルクオーツ
モルダバイト …………………… 161
　リビアングラス、アンバー
リビアングラス ………………… 162
　ムーンストーン、モルガナイト
ルビー …………………………… 163
　ストロベリークオーツ、ロードクロサイト
誕生石について ………………… 164
パワーストーン風水 …………… 167

　パワーストーンの
　使い方・取り扱い方 …………… 170
　パワーストーンのお手入れ方法 … 172
　パワーストーンアクセサリー …… 175
　Q&A …………………………… 178

索引（50音順）………………… 182

❋ **用語解説** ❋

本文中に登場するちょっとわかりにくい
用語の解説です。

グラウンディング：グラウンディングは
地に足をつけること。転じて、現実を
見定めるという意味で使用しています。

内包：内包とは固体や液体、気体、あ
るいはクラックと呼ばれるひびなどが
石の中に入っている状態のことです。

パワーストーンの選び方 ― 1
願いや気持ちで選ぶ

パワーストーンを持ちたいと思ったとき、どんな選び方をしていますか？　ここでは、代表的なパワーストーンの選び方である「願い事」や「気持ちを改善するための効果」で選ぶ方法について、基本的な運気アップのものと、日々のカウンセリングの中でよく相談されるものを取り上げてみました。

まず、今どんなことに悩んでいるのか、どんなことを改善したいのか、ちょっと胸に手を当てて考えてみてください。
あなたが解消したいことは、お金に関することですか？
願いをかなえたいのは、恋愛のことですか？
悩んでいるのは健康面ですか？　それとも、人間関係ですか？

パワーストーンは、今のあなたの気持ちをサポートするために、エネルギーを与えてくれます。
でも、1つだけ忘れないでほしいことがあります。あなたの願いをかなえるのはあなた自身であり、パワーストーンはあなたの願いを「サポートする役割」を果たしてくれる存在だということです。
あなたの思いの強さや行動力によって、パワーストーンのエネルギーは最大限に発揮されます。パワーストーンに頼りきりになるのではなく、幸せになるためのお守りとして使ってみてくださいね。

キラキラ輝き、目立つものを

金運

money

金運に効果的なパワーストーンは、キラキラ輝き、目立つもの。本来金運アップに欠かせないカラーは、ホワイトからゴールドへのグラデーションまたはイエローで、ストーンもこのカラーのものは金運を引き寄せます。特に、耳元や首元など、目立つところに着けてあげると効果抜群です。

おすすめストーン

ルチルクオーツ

Rutilated Quartz

カラーはゴールドが多いことから、金運アップのストーンとして人気があります。触っただけで、じんわり熱く感じるほどエネルギーが高く、組み合わせたストーンの活力を生み出し、刺激的に共鳴させ、お互いの魅力を引き出してくれます。

パイライト

キラキラ輝く金塊のようなパイライトは、見ているだけでご利益がありそうな、金運アップに最適なパワーストーンです。特にエネルギーが高いストーンで、厄除け効果も高いため、金運アップの中でも特に貯蓄したいときにオススメです。

Pyrite

シトリン

Citrine

ゴールドに輝くシトリンは、お金に関する心のブロックをはずし、心配事を解放して希望の光をともしてくれます。また、仕事運に恵まれるストーンでもあります。いざというときや、プレッシャーに負けそうなときにもオススメです。

気持ちが優しくなるストーンを着けて

恋愛運

love

恋愛に効果的なパワーストーンは、人を引き寄せ、魅了していく効果の強いものです。そのために大事なことは、まず自分を大切にし、常に明るく楽しく過ごすこと。女性を象徴するストーンでもありますので、感情の豊かさをサポートし、優しい思いやりのある心を育てます。着け始めたら、あなたが最高に輝く姿をイメージしてみてくださいね。

おすすめストーン

ロードクロサイト

Rhodochrosite

恋愛・引き寄せの代表的なパワーストーンです。見た目もとても華やかで、身に着ける人を情熱的に妖艶に彩ります。楽しい毎日をサポートするストーンでもあり、身に着けることで感情がとても豊かになります。

ピンクオパール

キューピッドストーンともいわれるパワーストーンです。恋愛における出会いと変化をサポートしてくれるので、これから始まる関係にときめきを与えてくれます。出会いが欲しい・パートナーとの関係に変化が欲しい人に、とてもオススメです。

Pink Opal

ローズクオーツ

Rose Quartz

女性のお守り、恋のお守りでもあるパワーストーンです。持つ人の魅力を引き出し、幸せをサポートします。穏やかな薄いピンク色は、どんなストーンとも相性が良く、組み合わせたストーンを優しくなじませ、お互いの魅力を引き出します。

お互いの成長を助けるストーンで
結婚運
marriage

結婚したいと思ったときに効果的なパワーストーンは、コミュニケーションの意味を持つストーンの中でも、特にお互いを知り、ゆっくり関係をはぐくんでいく、成長の意味を持つストーンです。また、相手への思いやりや、愛情をサポートする意味もあります。

おすすめストーン

アクアマリン

Aquamarine

半透明なミルキーブルーのアクアマリンは、パートナーとのつながりを強めて結婚に導くパワーストーンです。家族の絆を深めて、家庭を円満にサポートします。

ムーンストーン

恋人同士のストーンとしても人気のムーンストーンは、乳白色にブルーの光が見られる、とても美しいパワーストーンです。信じる気持ちをはぐくみ、お互いの結びつきを強めてくれます。ほかのカラーのムーンストーンも同様のパワーがあります。

Moon Stone

モルガナイト

Morganite

半透明のピーチカラーからピンクカラーへのグラデーションカラーを持つパワーストーンです。パートナーへの献身的な愛を育て、お互いの思いやりの気持ちをはぐくみ、結婚に導きます。

命のエネルギーをもたらして

妊娠・出産

pregnancy

女性としての幸せをかみしめる瞬間、それは子宝に恵まれたときという方が多いですよね！　新しい命を授かるための、身体と心の準備をするために必要なパワーストーンです。また、安全に出産するためのサポートをしてくれます。

おすすめストーン

ブラッドストーン

Blood Stone

グリーンの中に、まるで血がわき出るかのように見えるブラッドストーンは、生命の誕生を意味するパワーストーンです。霊的な力で子宝を引き寄せ、うれしいニュースをもたらします。

オレンジムーンストーン

薄いオレンジ色のパワーストーンです。ムーンストーンの結びつきのエネルギーに、オレンジ色の活力が加わり、新しい命を産むためのエネルギーを発揮させます。

Orange Moon Stone

マザーオブパール

Mother of Pearl

マザーオブパールは、パールを包む貝殻のこと。温かく守る貝殻の力は、まるで赤ちゃんを育てるお母さんのようです。安全に赤ちゃんを産むことができるようにサポートします。

健康運

health

健康運に効果的なパワーストーンは、それぞれの症状によって多岐にわたります。全身がだるいとき、胃腸の調子がすぐれないとき、身体が冷えやすいとき、肌の調子が悪いときなど、症状に応じたストーンを身に着けることがオススメです。また、健康運には、肌身離さず身に着けられるブレスレットタイプが効果抜群ですね。

おすすめストーン

ブラックスピネル

Black Spinel

黒光りしたブラックスピネルは、全体的に元気が出ないというときに活力を引き出してくれます。疲れてしまった心身を浄化し、バランスを保ちエネルギーをアップさせてくれます。

ガーネット

濃い血のような色のガーネットは、身体が冷えやすいときにオススメです。血液の流れを整え、身体全体に活力を与え、活性化させる働きがあります。

Garnet

プレナイト

Prehnite

まるでコラーゲンのようなぷるんとしたイメージのプレナイトは、いつまでも若々しく美容と健康をサポートしてくれます。また、意志を強く持たせてくれるので、ダイエットにもオススメです。

出会いをもたらし、こじれた関係を修復

人間関係

communication

人間関係の向上に効果的なパワーストーンは、理解力や承認力を高め、潤滑油になってくれるようなストーンです。うまく仲良くできないとき、過剰に気を使って疲れてしまったとき、新しい友人が欲しいときなど、それぞれに合ったストーンを身に着けることによって、人間関係の悩みを解決に導いてくれます。

おすすめストーン

アメシスト

Amethyst

紫色のクリスタルのことです。特に、誰かと衝突してしまったり、うまく意思疎通ができず悩んでいたりするときにオススメで、冷静に相手の気持ちを理解し、解決に導くパワーストーンです。人間関係の潤滑油のような頼もしい存在です。

ブルーレースアゲート

フレンドリーストーンともいわれるブルーレースアゲートは、ソウルメイトとの出会いをサポートしてくれる、神秘的なパワーストーンです。人との縁をつないで、対人関係でのストレスを解消に導きます。

Blue Lace Agate

シーブルーカルセドニー

Sea Blue Chalcedony

とても穏やかなエネルギーを持つシーブルーカルセドニーは、人と人との縁をつなぐパワーストーンです。また、人間関係で疲れてしまった気持ちを、穏やかに整えてくれる効果もあります。

ストーンを身に着けて災厄を回避

厄除け

break the jinx

厄除けに効果的なパワーストーンとは、お守り・魔除け・災難除け・交通安全を意味するストーンで、外部からのエネルギーを遮断し、オーラを守る役割をするものです。また、免疫力が低く身体のバランスが大きく崩れてしまっているときにも効果的です。耳元・首元・左手など、気の入り口に着けると特に効果的ですね。

おすすめストーン

オニキス

Onyx

クールなブラックのオニキスは、病気や災難から身を守る、最強のお守りです。お子さんへのお守りとして、交通安全のお守りとして、1つは持ち歩きたいオススメのストーンです。

ラピスラズリ

紺色の輝きを放つラピスラズリは、とてもスピリチュアルなパワーストーンで、霊的なマイナスエネルギーからも身を守る力強い存在です。また、サイキックパワーを調整し、過ごしやすく整えるストーンでもあります。

Lapis Lazuli

マラカイト

Malachite

濃い鮮やかなグリーンにしま模様のマラカイトは、ネガティブなエネルギーを吸収してくれる頼もしいパワーストーンです。相手の感情にのみ込まれず、自分をしっかり保つサポートをしてくれます。

心身ともに癒やされる
ヒーリング効果

healing

ヒーリングに効果的なパワーストーンは、草花や海・空など、私たちがいつも目にする光景の中にあふれたカラーのものばかりです。あわただしい日常生活を離れ、気持ちをゆったり解放し、明日への希望に満ちあふれる癒やしのパワーを持つストーンを身に着けることによって、心身ともに解放され、リラックスできるでしょう。

おすすめストーン

アベンチュリン

Aventurine

まるで森林浴をしているような印象を受ける、半透明なグリーンのパワーストーンです。リラックス効果が抜群で、気持ちの安定や疲労回復にも役立ちます。安眠効果も期待できるので、不眠の解消にもオススメです。

ラリマー

カリブ海をそのままストーンにしたような魅力的なパワーストーンです。世界三大ヒーリングストーンの1つとしても人気が高く、ヒーリング効果は絶大です。不安なとき、気持ちがすぐれないときに、癒やしのエネルギーで包んでくれます。

Larimar

フローライト

Fluorite

フローライトは、透明感のある美しいストーンで見るだけで心のホコリが取れていくように感じられるパワーストーンです。マイナスオーラを解消し、心を透明にしていきます。

心を解放し、前へ進む勇気を！
トラウマの解消
trauma

トラウマを解消したいときに効果的なのは、浄化のエネルギーにあふれたストーンです。なかなか一歩先に進めないとき、心の壁を見つけたときに効果的なストーンで、浄化することによって、前へ進む準備をする勇気をもたらす働きがあります。クリスタルクオーツとガーデンクオーツは、浄化のために右手に着けると、さらに効果的です。

おすすめストーン

クリスタルクオーツ

Crystal Quartz

透明に光り輝くクリスタルクオーツは、過去に起こったストレスやトラウマを、すべて浄化してくれる頼もしい存在です。トラウマを解消したいときは、気の出口である右手に着けることが、特にオススメです。

ガーデンクオーツ

ガーデンクオーツは、まるで苔のような含有物を含むクオーツのことです。自然のエネルギーに満ちあふれ、過去に起こった嫌なことを包み込んで浄化してくれます。トラウマを解消したいときは、右手への装着が特にオススメです。

Garden Quartz

クンツァイト

Kunzite

透明感が強いピンクのクンツァイトは、恋愛や感情におけるトラウマをすべて解消してくれます。過去に起こった嫌な出来事を、未来の幸せへと変換させる、とても不思議な力を持ったパワーストーンです。

内面の輝きを引き出すストーンで
自信をつける
confidence

自信を取り戻したいときに効果的なパワーストーンは、内面に目を向け、得意なことや持っている力を伸ばすストーンです。周りと比べるのではなく、自分自身と向き合うことにより、新たな可能性を引き出してくれるでしょう。

おすすめストーン

アマゾナイト

Amazonite

ミルキーグリーンがかわいいアマゾナイトは、周りの人と比べることなく、自分のペースで物事に取り組み、自信を導き出すパワーストーンです。焦ってなかなか前に進めないときにも、オススメです。

スモーキークオーツ

ブラウンのクリスタルでもあるスモーキークオーツは、心の中に芽生えてしまった不安を取り除き、自分の潜在能力を活発化させるパワーストーンです。技術的・創造的な仕事の方にもオススメです。

Smoky Quartz

ラブラドライト

Labradorite

半透明なグレーのストーンにブルーの光が見られるとても美しいパワーストーンです。スピリチュアルなエネルギーで大地の力をしっかり受け取り、持ち主に落ち着きを与えて現実化を早めます。

ビジネスや試験での成功に

目標達成！

objective

目標を達成するために効果的なパワーストーンは、強い気持ちや精神力を育てる男性的なストーンです。目標を達成する瞬間は、チャンスに恵まれ、努力してきたことが花開く最高の瞬間ですよね。判断する洞察力、どんなときにも負けない精神力、粘り強い行動力を伸ばします。

おすすめストーン

ジェダイト

Jadeite

薄いグリーンのジェダイト（翡翠）は、繁栄と成功のお守りとして、昔から尊重されてきたパワーストーンです。精神的成長を促し、努力が実るビジネスのお守りです。

サンストーン

「太陽の石」ともいわれるサンストーンは、半透明のオレンジ色で、金箔のような含有物があります。リーダーシップを象徴するパワーストーンで、新しい流れをつくる力強さを持っています。

Sun Stone

タイガーアイ

Tiger's Eye

ブラウンにイエローの目が見えるタイガーアイは、仕事運や金運アップのパワーストーンとしても人気があります。変化をいち早く察知する洞察力を養い、チャンスをつかむ行動力あふれるストーンです。

パワーストーンの選び方 —2

守護石で選ぶ

自分の守護石は、生年月日から導き出される
「軌道数」によって算出することができます。
生年月日は、生まれたときから変わらない数字なので、
生涯変わらずあなたを表現することができます。

また、自分の軌道数に合わせて守護石を判別することによって、
あなたが生涯にわたって必要とする
パワーストーンを導き出すことができます。

✳ 軌道数の計算方法 ✳

生年月日を1けたになるまで足していきます。
1991年6月5日生まれなら
1+9+9+1+6+5＝31
3+1＝4
⇒軌道数が **4** の欄へ

1968年11月28日生まれなら
1+9+6+8+1+1+2+8＝36
3+6＝9
⇒軌道数が **9** の欄へ

＊ただし、計算結果が「11」と「22」の場合は、その数を軌道数とします。
（「2」と「4」にしないようにしてください）

仕事運や金運が上がる
パワーストーンとしても
人気です。変化をいち早
く察知する洞察力を養
い、チャンスをつかむ行
動力を与えてくれます。

軌道数が **1** のあなた

どんな状況でも
エネルギーに満ち
情熱的な人

✳

守護石
タイガーアイ

軌道数が **2** のあなた

柔軟性があり
優しさあふれる
サポータータイプの人

✳

守護石
アメシスト

心の平和を取り戻すこと
のできるストーンです。
人間関係のトラブルや衝
突を抑え、潤滑油のよう
な役割をしてくれます。

軌道数が **3** のあなた

**無邪気で明るく
アイディアあふれる
人気者**

＊

守護石
カーネリアン

とても元気な行動力に
あふれたストーンです。
見ているだけでも楽しく
なるようなオレンジカラ
ーで、原動力を与えてく
れます。

軌道数が **4** のあなた

**安定志向で家庭第一
ちょっとがんこな
職人気質の人**

＊

守護石
スモーキークオーツ

心配性を改善し、今ある
才能や力を、100％発揮
できるようにサポートして
くれます。技術系の仕事
の人にもピッタリなストー
ンです。

軌道数が **5** のあなた

**好奇心旺盛で
柔軟な考えを持つ
自由奔放な人**

＊

守護石
ルチルクオーツ

常にチャンスを探し、常
に楽しいことを引き寄せ
る、そんな活発なエネル
ギーを持つストーンです。

フレンドリーストーンとも
いわれ、新しい出会い
に恵まれるストーンで
す。また、対人運を高め
てくれるので、いい関係
が築けるようにサポート
してくれます。

軌道数が **6** のあなた

**話しやすく接しやすい
どんなときにも
愛情あふれる人**

＊

守護石
**ブルーレース
アゲート**

軌道数が **7** のあなた

**精神的安定を
常に求める
研究家タイプの人**

✳

守護石
オニキス

邪念を払い、集中力を高めるストーンです。また、常に危険から身を守り、持ち主を安全な状態にしてくれます。

エネルギーを活性化し、勝負運を高めるストーンです。努力を成功に導いてくれるストーンでもあります。

軌道数が **8** のあなた

**競争大好き
結果を出すことが大好き
責任感が強い人**

✳

守護石
ガーネット

思いやりのある慈愛に満ちた優しいエネルギーで、持ち主に安心感を与えます。物事をゆっくりじっくり進めていくときにもオススメのストーンです。

軌道数が **9** のあなた

圧倒的な優しさと強さを
併せ持つ、すべてを
受け入れてくれる人

＊

守護石
アクアマリン

軌道数が **11** のあなた

スピリチュアルを
地で行くような
マイペースなアーティストタイプ

＊

守護石
ラブラドライト

大地のスピリチュアルなエネルギーを持つストーンで、不思議な力を開花させ、物事の現実化を早める働きがあります。

繁栄と成功のお守りとして、昔から尊重されてきたパワーストーンです。精神的成長を促し、努力が実るビジネスのお守りです。

大きなエネルギーで
みんなを統制する
リーダータイプの人

✳

守護石
ジェダイト

パワーストーンの選び方 ― 3

直感で選ぶ

パワーストーンを直感で選びたいと思ったとき、あなたはインスピレーションがわいて、
宇宙からのメッセージが降りてきているのかもしれません。
そんなときは、効果や守護石にこだわらず、ピンときたストーンを選んでみてください。

 このようなときは直感が働いています

・どうしても目が行ってしまうストーンがある
・1つだけ輝いて見えるストーンがある
・触ったとき、ストーンが温かい感じがした
・触ったとき、すーっと気持ちがすっきりした

Kyoko ✳ 私の選び方

お客さまのパワーストーンをお選びするとき、私は直感を最大限に利用します。そうすると、パッとストーンの絵が頭に浮かびます。ただ、それだけでは信憑性に欠けるので、オーリングテストでひとつひとつチェックして確認しています。

＊オーリングテストとは、指で〇の形を作り、手にストーンをのせて相性を見る方法です。合わないと、指が開いてしまいます。

今のあなたに必要な
パワーを最大限にする

パワーストーン
組み合わせ
事典

組み合わせNGストーンについて

パワーストーンの中には、主張が強すぎて、組み合わせたときに共鳴しにくく、組み合わせたストーンの良さが半減してしまうストーンがあります。それを「組み合わせNGストーン」として紹介しています（この本に登場するストーンの組み合わせに限ります）。

特に組み合わせ要注意なストーン

● オニキス
● チベットアゲート

どちらも、持ち主を強力に守るストーンです。周りの動きを止めて、自分自身の内面に集中し、周りからの影響を遮断します。そのため、引き寄せたいときに身に着けるストーンと一緒に着けると、その効果が半減してしまいます。
（組み合わせNGストーン／オレンジムーンストーン・クンツァイト・ピンクオパール・モルガナイト・ロードクロサイト・ロードナイトなど）

また、ゆっくり効果を実感するようなストーンと一緒に着けると、じんわりした効果を感じることができません。
（組み合わせNGストーン／アクアマリン・アラゴナイト・エンジェライト・ムーンストーン）

その他精神的変容を意味するストーンと一緒に着けると、エネルギーが反発します。
（組み合わせNGストーン／ブルートパーズ・ラリマー）

● カーネリアン

とても現実的なストーンで、行動力を引き出す明るいエネルギーを持つため、精神的なストーンと組み合わせると、エネルギーが反発してしまいます。
（組み合わせNGストーン／アズライト・スギライト・チャロアイト・マラカイト・ラピスラズリ）

アクアマリン

じっくりお互いを知り、関係を深めていきたいときに

藍玉●らんぎょく　緑柱石●りょくちゅうせき

ストーンのパワーと効果

パワー	◆◆◆
恋愛	◆◆◆◆◆
結婚	◆◆◆◆◆

ストーンとのつき合い方

焦らずゆっくりと

アクアマリンは、エネルギーの流れが非常にゆっくりで、流れるように現状を変化させていきます。焦らず、水の流れに乗るような気持ちで身に着けてみてください。

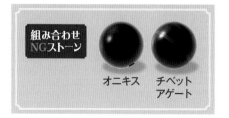

組み合わせ NGストーン

オニキス　チベットアゲート

❋ こんなときに

アクアマリンを欲するとき、あなたは落ち着きたいという気持ちが強いようです。パートナーの近くにいたい、安心感を得たい、もっとつながりたい、結婚したいという気持ちになったときに、アクアマリンのエネルギーがあなたをサポートしてくれます。

❋ このストーンの特徴

アクアマリンは、「ベリル」という鉱物の一種で、一般的には3月の誕生石として知られています。ミルキーブルーのストーンで、光にかざすとまだらな部分もあり、表面は、若干すじが入ったものも見られます。一般に透明感が強いほうが、グレードが高いとされています。同じ「ベリル」には、モルガナイト、エメラルドなどがあり、どちらもとてもレアで人気のあるパワーストーンです。

❋ ストーンの効果

パートナーと、じっくりお互いを知り合いゆっくり愛をはぐくみたいときに効果的なことから、結婚に導き、家族の絆を深めるパワーストーンとしても人気があります。また、とても柔らかな波動で、物事をゆっくりじっくり進める効果も期待できます。

✳ シーブルーカルセドニー

穏やかな
気持ちになります

パワー	◆◆◆
人間関係	◆◆◆◆
穏やかさ	◆◆◆◆

鮮やかなブルーのカルセドニーです。海のようなシーブルーのカラーは、見ているだけで気持ちの安定がもたらされ、明るく元気な気分になることができます。全体的にツルンとしたガラス質のストーンです。

✚ 組み合わせると

色味もそっくりで、エネルギーが溶け込む組み合わせです。穏やかな気持ちになり、パートナーとの優しい結びつきを高めます。また、気持ちが波立ったときに着けると、落ち着きがもたらされます。

✳ ブルーレースアゲート

パートナーとの
出会いと成長を
サポート

パワー	◆◆◆◆
人間関係	◆◆◆◆
出会い	◆◆◆◆

No.6 の守護石

フレンドリーストーンともいわれ、ソウルメイトを引き寄せるとされています。会った瞬間から、気持ちが通じ、ずっと一緒にいたかのような安心感が得られる出会いをもたらしてくれます。

✚ 組み合わせると

組み合わせて着けることによって、パートナーとの出会いと成長をサポートします。また、相手の気持ちを理解し、コミュニケーション上手になるように味方してくれます。

組み合わせ

✳ ムーンストーン

パートナーとの
絆を深めて
結婚へと導きます

パワー	◆◆◆◆
人間関係	◆◆◆◆◆
恋愛	◆◆◆◆◆

恋人同士のストーンともいわれ、穏やかな波動でカップルの絆を深めていきます。キーワードは、寄り添うこと。常にパートナーを思いやり、サポートする勇気を与えてくれます。

✚ 組み合わせると

どちらも、パートナーとの絆を深め結婚へ導くストーンです。特に信じる気持ちを高め、お互いを思いやって過ごせるようにサポートしてくれます。

✳ モルガナイト

パートナーとの
次のステップへ
導きます

パワー	◆◆◆◆◆
恋愛	◆◆◆◆◆
献身	◆◆◆◆◆

アクアマリンと同じ「ベリル」の仲間です。思いやりの気持ちを育てる、とても優しい愛情に満ちたストーンです。また、相手に献身的な愛情をもたらすストーンで、結婚への一歩を踏み出すときにもオススメです。

✚ 組み合わせると

どちらも、恋人同士が次のステップを踏むときに必要なサポートをもたらしてくれます。出会いから安定へ、また安定から結婚への変化を導く組み合わせです。

アベンチュリン

ちょっとひと休みが必要なときに。気持ちをゆったり整えます

インド翡翠●いんどひすい　砂金水晶●さきんすいしょう

ストーンのパワーと効果

パワー	◆◆◆
ヒーリング	◆◆◆◆
心の安定	◆◆◆◆◆

ストーンとのつき合い方

リラックスタイムに

このストーンは、「休息の石」なので、寝るときやリラクゼーションタイムなど、オフタイムにのみ着けることもできます。オンタイムの緊張を解き、リラックスした状態に導きます。

組み合わせNGストーン

ありません

どんなストーンとも組み合わせ可能です。

✳ こんなときに

アベンチュリンを欲するとき、あなたは癒やされたい・安らぎが欲しいという気持ちが強いようです。まるで、森林浴をしているかのようなナチュラルなエネルギーで、持ち主を優しくいたわります。心が疲れてしまったり、やる気が起きないときは、アベンチュリンのエネルギーがあなたをサポートしてくれます。

✳ このストーンの特徴

アベンチュリンは、別名「インド翡翠」ともいわれています（厳密に言うと、原産国はインドだけではありませんし、翡翠ではありません）。そのため、よく翡翠と間違える方もいらっしゃいますが、実は水晶の仲間です。手に入りやすく、また効果が実感できるため、とても人気があります。オレンジカラーのものもあります。

✳ ストーンの効果

頑張りすぎて疲れてしまったときや、ストレスを感じているとき、あなたの心は悲鳴をあげているのかもしれません。身に着けることで、心身ともにリラックスさせ、ゆったりした気持ちになることができます。また、不眠の解消にも効果的です。

✳ グリーンアメシスト

明るい気持ちを
引き出します

パワー	◆◆◆◆
ヒーリング	◆◆◆◆◆
ブロック解除	◆◆◆◆◆

深層心理に働きかけ、心のブロックを解消するストーンです。人生をより良い方向にシフトし、気持ちの安定と、充実した生活をもたらしてくれます。

✛ 組み合わせると

どちらも、心の安定を導くストーンですが、組み合わせることにより本来持っていた明るい気持ちや、前向きさを引き出し、元の元気な状態に戻してくれます。

✳ シトリン

身体の不調を
軽減します

パワー	◆◆◆◆
ヒーリング	◆◆◆◆◆
ストレス解消	◆◆◆◆◆

心・身体・金銭的なことからくる過度のプレッシャーやストレスを解放し、精神的な安定を導きます。まるで「心配しなくても大丈夫！」と語りかけてくれるようなストーンです。

✛ 組み合わせると

リラクゼーション効果の高い組み合わせです。心配事や重くのしかかる問題を解決に導き、心の安定をサポートしてくれます。また、ストレスからくる身体の不調にも効果的です。

❖ 組み合わせ ❖

✳ プレナイト

心の混乱を
静めます

パワー	◆◆◆◆
ヒーリング	◆◆◆◆◆
浄化	◆◆◆◆◆

まるでコラーゲンのようなツルンとした見た目から、美容や健康をサポートするストーンとしても人気があります。リラクゼーション効果が抜群です。

✛ 組み合わせると

どちらも、森の色。色の濃さは違えど、自然界からきたナチュラルカラーで、目を休め、身体をリラックスさせ、リラクゼーション効果をもたらします。また、心に芽生えた混乱を静め、落ち着きを与えてくれます。

✳ フローライト

心のお掃除を
してくれます

パワー	◆◆◆◆
ヒーリング	◆◆◆◆◆
浄化	◆◆◆◆◆

透明感のあるフローライトは、見るだけで心のホコリを取り除き、ネガティブなエネルギーを流していきます。マイナスの気持ちを解消し、心の中も透明にしていきます。

✛ 組み合わせると

どちらもグリーンのストーンですが、組み合わせることによって単体では感じられなかった、癒やしのエネルギーができ上がります。マイナスの心を、隅々まできれいにお掃除してくれます。

Amazonite

アマゾナイト

自信がなくなってしまったときに。プラスの気持ちを取り戻します

天河石●てんがせき

ストーンのパワーと効果

パワー	◆◆◆◆
現実化	◆◆◆◆◆
自信回復	◆◆◆◆◆

ストーンとの つき合い方

心の声を聞いてみて

優しくも力強いエネルギーで、持ち主のネガティブな感情を解消に導きます。身に着けるときは、まず心の声を聞いてください。あなたは本当はどうなりたいのですか?

ありません

どんなストーンとも組み合わせ可能です。

※ こんなときに

アマゾナイトを欲するとき、あなたは自分をうまく表現できずに、焦ってしまったり、不安を抱いたりしているのかもしれません。まずは、心を落ち着けて、「私は素晴らしい人間だよ」と語りかけてあげてください。アマゾナイトのエネルギーがあなたに自信を取り戻させてくれます。

※ このストーンの特徴

産地によってストーンカラーが異なります。ロシア産のものはまだらな模様があり、それ以外のものは単色でブルーグリーンです。また、南米産のものは特にグレードが高く、表面がキラキラと輝いて見えます。強度はあまり強くないので、衝撃などには注意が必要です。また、塩分に弱いので、塩の上に長時間置かないようにしてください。

※ ストーンの効果

アマゾナイトは、別名「ホープストーン」ともいわれ、希望や願望をかなえてくれるとても頼もしい存在です。周りと比べて、「私はダメだ!」と自信をなくしたり、自分のペースを崩してしまったりしたときに身に着けることで、本来の自信を取り戻していきます。

✳ スモーキークオーツ

現実化に優れ、
未来が開けます

パワー	＋＋＋＋
現実化	＋＋＋＋＋
不安解消	＋＋＋＋＋

No.4 の守護石

今ある不安感を解消し、まだ眠っている、潜在的な力を引き出してくれます。これは行動することで導き出され、「私は必要とされているんだ」という自信につながります。

✛ 組み合わせると

どちらも意識の現実化に優れたストーンです。やりたいと思ったことを妨げているのは、あなたの気持ち。誰かのせいだと言い訳せずに、実際にできることから行動してみると未来が開けます。

✳ ターコイズ

チャンスを
呼び込みます

パワー	＋＋＋＋＋
厄除け	＋＋＋＋＋
交通安全	＋＋＋＋＋

幸運のお守り。古来、旅人を守るとして大切にされてきました。感情の起伏を抑えて、心の安定をサポートします。キーワードは「自己実現」。常に気持ちを高く安定させてくれます。

✛ 組み合わせると

ホープストーンとしてのアマゾナイトのエネルギーを、いちばん大きく感じることのできる組み合わせです。チャンスを呼び込み、それをきちんと受け取ることができるようになるでしょう。

組み合わせ

✳ ラブラドライト

得意なことを
伸ばしてくれます

パワー	＋＋＋＋＋
現実化	＋＋＋＋＋
粘り強さ	＋＋＋＋＋

No.11 の守護石

このストーンのグレーの色は大地を意味し、ときおり光るブルーは奇跡的な力を意味します。今まではできないと思い込んでいたことも、きちんと向き合うことによって未来が開けます。

✛ 組み合わせると

この組み合わせも、意識の現実化に優れています。なかなか自信が持てないときは、まずは得意なことから根気よく取り組むことによって、困難を克服することができます。

✳ ラリマー

可能性を
見いだします

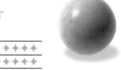

パワー	＋＋＋＋＋
ヒーリング	＋＋＋＋＋
変容	＋＋＋＋＋

三大ヒーリングストーンの1つで、非常にヒーリング効果に優れています。未来からのサポートを多く受けることができますので、安心感を得られます。

✛ 組み合わせると

どちらも海を思わせる色合いです。心の平和や未来への期待感を大きく育ててくれる組み合わせです。どんな状況にも、可能性を見いだしてくれます。

アメシスト

人間関係を円滑に整えます。特に冷静になりたいときにオススメ！

紫水晶●むらさきすいしょう

✦ こんなときに

アメシストを欲するとき、あなたは周りの人があなたを攻撃しようとしているように思えたり、なかなか気持ちが通じ合わずに困っていたりするかもしれません。まずは決めつけずに、自分から心を開いてみてください。アメシストのエネルギーが、あなたに安心感を与えてくれます。

✦ このストーンの特徴

アメシストは、紫色の水晶のことで、一般的に2月の誕生石として知られています。表面はガラス質ですが、中身は内包が見られる場合もあります。水晶の中では、エネルギー値は最高位とされ、グレードの高いものは宝石として扱われる場合もあります。最近では、半透明で薄めの色のラベンダーアメシストも人気があります。日光を嫌いますので、長時間の日光浴は避けてください。

ストーンのパワーと効果	
パワー	✦✦✦✦
人間関係	✦✦✦✦✦
心の安定	✦✦✦✦✦

不眠で悩んでいるときにも

アメシストは夜のストーンともいわれていますので、不眠を解消しゆっくり眠れるようにサポートします。

✦ ストーンの効果

このストーンは、冷静に相手の気持ちを読み解き、関係を円滑にしてくれるストーンです。身に着けると、相手を敵と思わずに、何を考えているのか、何を伝えたがっているのか、理解しようという気持ちに気がつくでしょう。

組み合わせNGストーン ありません

どんなストーンとも組み合わせ可能です。

✳ アメトリン

人と人とを
統合してくれます

パワー	✦✦✦✦
人間関係	✦✦✦✦✦
ヒーリング	✦✦✦✦

アメジストとシトリンで構成された、パープルからイエローへのグラデーションカラーがとても美しいストーンです。対人関係でのストレスを軽減してくれます。

✚ 組み合わせると

2つのものの架け橋になるような組み合わせです。人と人、感情と肉体、男性性と女性性などにおいて、コンビネーションによる新たな可能性を導き出してくれます。

✳ オニキス

対人関係の
悩みを
吹き飛ばします

パワー	✦✦✦✦
厄除け	✦✦✦✦✦
集中力	✦✦✦✦✦

No.7 の守護石

最強の厄除けのストーンです。悪い出来事をはじき飛ばし、持ち主を守ります。集中力をアップしたいときにもオススメです。

✚ 組み合わせると

オニキスの守る力は絶大で、組み合わせることにより、対人関係の悩みを吹き飛ばしてしまうほどの威力があります。くよくよ悩まずに、大きく変化し、新しい運命を切り開いていける頼もしい組み合わせです。

組み合わせ

✳ ブルーレースアゲート

対人関係に
期待が持てるように
なります

パワー	✦✦✦✦
人間関係	✦✦✦✦✦
出会い	✦✦✦✦✦

No.6 の守護石

フレンドリーストーンともいわれ、ソウルメイトを引き寄せるとされています。会った瞬間から、気持ちが通じ、ずっと一緒にいたかのような安心感が得られる出会いをもたらしてくれます。

✚ 組み合わせると

どちらも、対人関係で悩んだときにオススメのストーンで、組み合わせることによって、その力は最高レベルに達します。パートナーを理解し、承認する勇気と希望をもたらします。

✳ ローズクオーツ

じっと心を静めます

パワー	✦✦✦✦
恋愛	✦✦✦✦✦
ヒーリング	✦✦✦✦✦

愛情の象徴としても知られる、とても人気のあるストーンです。持つ人の魅力を引き出し、幸せをサポートします。また、パートナーへの愛を育て、思いやりの気持ちを高めます。

✚ 組み合わせると

信じる気持ちを高めてくれる組み合わせです。特に、相手を愛するあまりの嫉妬心など激しい感情を静め、穏やかで優しい愛情を育てていきます。

アラゴナイト

プレッシャーに押しつぶされそうなとき、明るいエネルギーで照らします

霰石●あられいし

ストーンのパワーと効果

パワー	✦✦✦
ヒーリング	✦✦✦✦✦
人気	✦✦✦✦✦

ストーンとの
つき合い方

思いやりを持って
大切に身に着けて

このストーンは、本来とても繊細で傷つきやすいストーンです。それは、まるで傷ついた心のようにポキッと折れてしまいそう。大切に思いやりを持って身に着けると、その繊細さがしなやかさに変わっていきます。

組み合わせ
NGストーン

オニキス　チベット
アゲート

❋ こんなときに

アラゴナイトを欲するとき、あなたは少し欲張りになっていて、何もかも自分の思い通りに進めたいと思っているのかもしれません。まず、コントロールを手放して、自然にわき出る輝きに目を向けてみてください。無理をしなくても、自然にあなたの周りには人があふれてくるでしょう。

❋ このストーンの特徴

基本的にイエローのものが多く出まわっています（中には、ブルーのものも見られます）。水に長時間つけてしまうと、風合いが変わってしまいます。また、日光を嫌いますので、長時間さらすことのないように気をつけてください。

❋ ストーンの効果

アラゴナイトは、一言で言えば「人気運アップのストーン」。友人をたくさんつくり人脈を広げ、その縁が金運アップにつながっていくストーンでもあります。また、とても明るいエネルギーを持っていますので、周囲を明るく導きます。

✳ アベンチュリン

癒やしのパワーに
包まれます

パワー	✦✦✦
ヒーリング	✦✦✦✦
心の安定	✦✦✦✦✦

まるで森林浴をしているような印象を受ける、とてもヒーリング効果の高いストーンです。リラックス効果が抜群で、気持ちの安定や疲労回復にも役立ちます。

人は、リラックスしたときにいちばん優しいエネルギーを発します。そしてそれが癒やしのパワーで、周りを優しく包み込みます。とても穏やかなエネルギーで、持ち主をサポートします。

✳ カルセドニー

人と人との
架け橋になります

パワー	✦✦✦
人間関係	✦✦✦✦✦
結びつき	✦✦✦✦✦

とても穏やかなエネルギーを持つストーンで、人と人との縁をつなぐ役割を果たします。また、人間関係で疲れてしまった気持ちを、穏やかに整えてくれます。

人と人との架け橋になるような組み合わせです。身に着けると、持っている穏やかなエネルギーが増幅し、信頼できる関係をつくり上げていきます。

組み合わせ

✳ マザーオブパール

周りに人が
あふれるでしょう

パワー	✦✦✦
ヒーリング	✦✦✦✦✦
母性	✦✦✦✦✦

マザーオブパールは、パールを包む母貝のこと。温かく守るエネルギーは、まるで赤ちゃんを守るお母さんのよう。周りに明るいエネルギーをもたらし、人と人とをつなぐ役割をサポートします。

どちらも、人と人とをつなぐ役割を持ち、人気者になるためのサポートをしてくれます。身に着けると、穏やかな愛情で包み込まれ、周りに人があふれるようになるでしょう。

✳ ローズクオーツ

いつの間にか
人気者になります

パワー	✦✦✦✦
恋愛	✦✦✦✦✦
ヒーリング	✦✦✦✦

愛情の象徴としても知られる、とても人気のあるストーンです。持つ人の魅力を引き出し、幸せをサポートします。また、パートナーへの愛を育て、思いやりの気持ちを高めます。

どちらも、人気運が高まるストーンです。それも積極的すぎるのではなく、いつの間にか魅力にはまってしまったというような、とても自然な包み込むようなエネルギーを放ちます。

アンバー

緊張状態が続いて、プレッシャーに負けそうなときに

琥珀●こはく

ストーンのパワーと効果

パワー	◆◆◆◆
金運	◆◆◆◆◆
チャンス	◆◆◆◆◆

いざというときに役立ちます

まるで二酸化炭素を吸い取る植物のように、アンバーは持ち主の心や身体からマイナスエネルギーを抜き取ってくれます。極度に緊張したときや、いざというときにも役立ちます。

組み合わせNGストーン

ありません

どんなストーンとも
組み合わせ可能です。

✳ こんなときに

アンバーを欲するとき、あなたは緊張状態が続き、心身ともに疲れがたまってしまっている可能性が高いです。そんなとき、まるで呼吸をするかのようにマイナスエネルギーを流し、本来の自分を取り戻す役割をしてくれます。

✳ このストーンの特徴

アンバーは、「琥珀」という名前でも知られる宝石で、3000万年以上前の松柏類の植物の樹液が化石化したものです。とても柔らかく繊細なストーンで傷つきやすいため、取り扱いには十分注意してください。特に日光を嫌いますので、直射日光に長時間当てないようにしてください。また、水と塩分にも長時間さらすことがないように気をつけましょう。

✳ ストーンの効果

このストーンは、マイナスのエネルギーを吸収してくれるだけではなく、緊張を解きほぐし、いざというときに最大の力が発揮できるようにサポートします。そのため、受験や試合、または大切な仕事のときなどにも、安心感を与えてくれます。

※ アベンチュリン

新しい息吹を
与えてくれます

パワー	◆◆◆
ヒーリング	◆◆◆◆
心の安定	◆◆◆◆

まるで森林浴をしているような印象を受ける、とてもヒーリング効果の高いストーンです。リラックス効果が抜群で、気持ちの安定や疲労回復にも役立ちます。

✛ 組み合わせると

どちらも、森林をイメージするストーンです。植物が二酸化炭素を吸収して、きれいな酸素を出してくれるように、あなたのマイナスのエネルギーを吸収し、新しい息吹を与えてくれます。

※ ガーネット

いざというときに
頼りになります

パワー	◆◆◆◆◆
勝負運	◆◆◆◆◆
復縁	◆◆◆◆◆

No.8 の守護石

エネルギーを活性化し、勝負運を高めるストーンです。努力を成功に導いてくれるストーンでもあります。「こんなに頑張ってきたんだから大丈夫」と語りかけてくれるようです。

✛ 組み合わせると

どちらも、いざというときに結果を出してくれます。肩の力を抜き、リラックスした状態で、いい結果を運んできてくれます。身体の免疫を高めてくれる効果も期待できます。

組み合わせ

※ スモーキークオーツ

緊張を
解きほぐします

パワー	◆◆◆◆
現実化	◆◆◆◆◆
不安解消	◆◆◆◆◆

No.4 の守護石

今ある不安感を解消し、まだ眠っている、潜在的な力を引き出してくれます。これは行動することで導き出され、「私は必要とされているんだ」という自信につながります。

✛ 組み合わせると

どちらも、緊張を解きほぐし、最大限の力を発揮できるようにサポートしてくれます。本番前、プレッシャーにつぶされそうなときなどに、身体の力を抜き、本来のエネルギーを取り戻してくれます。

※ タイガーアイ

あがり症の克服に
効果的です

パワー	◆◆◆◆◆
金運	◆◆◆◆◆
仕事	◆◆◆◆◆

No.1 の守護石

仕事運や金運が上がるストーンとしても人気のパワーストーンです。変化をいち早く察知する洞察力を養い、チャンスをつかむ行動力を与えてくれます。

✛ 組み合わせると

どちらも、チャンスをつかむストーンです。また、いざというとき底力を発揮し、本番に強くなる、あがり症を克服するなどの効果がありますので、受験や試合など、ここぞというときに身に着けるといいでしょう。

Angelite

エンジェライト

過去へのこだわりを解消し、許しの機会が訪れます

硬石膏 ●こうせっこう

ストーンのパワーと効果	
パワー	✦✦✦
恋愛	✦✦✦✦✦
許し	✦✦✦✦✦

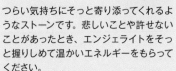

ストーンとのつき合い方

ショッキングなことがあったときに

つらい気持ちにそっと寄り添ってくれるようなストーンです。悲しいことや許せないことがあったとき、エンジェライトをそっと握りしめて温かいエネルギーをもらってください。

組み合わせNGストーン

オニキス　チベットアゲート

✳ こんなときに

エンジェライトを欲するとき、あなたには許しの機会が与えられています。誰か特定の人に対して、許せない気持ちを持っていませんか？　自分の過去を引きずっていませんか？　「天使」を意味するエンジェライトが、あなたの苦しみを優しく包んでくれます。

✳ このストーンの特徴

エンジェライトの名前の由来は、「天使」からきています。青空を連想させるような水色のストーンで、とても柔らかく繊細で傷つきやすいため、取り扱いには十分注意してください。特に日光を嫌いますので、直射日光に長時間当てないようにしてください。また、長時間水につけたり塩の上に置いたりしないように注意してください。

✳ ストーンの効果

このストーンは、恋愛感情にとどまらない、深い愛情を育てます。あなたの人生において大切なものに気がつき、それに対して思いやりの気持ちを育てていきます。また「許し」を意味するストーンでもありますので、あなたの中のネガティブな感情を浄化し、楽にしていってくれます。

✳ アクアマリン

パートナーと
仲直りしたいときに

パワー	◆◆◆
恋愛	◆◆◆◆◆
結婚	◆◆◆◆◆

No.9 の守護石

パートナーとのつながりを強めて、結婚に導くストーンです。家族の絆を深めて、家庭を円満にサポートします。また、物事をじっくり確実に進めるときに最適です。

組み合わせると

どちらも、優しい色合いのブルーで、とてもきれいな組み合わせです。パートナーとけんかしてしまったとき、なかなか思いが伝わらないとき、相手との距離を縮め、許しの気持ちが芽生えてきます。

✳ クンツァイト

トラウマを
解消してくれます

パワー	◆◆◆◆◆
恋愛	◆◆◆◆◆
トラウマの解放	◆◆◆◆◆

恋愛や人間関係においてのトラウマをすべて解消してくれます。過去に起こった嫌な出来事を、未来の幸せへと変換させる、とても不思議なストーンです。

組み合わせると

どちらも、トラウマを解消してくれるストーンです。特に、心ない一言や行動で傷ついてしまった過去を癒やし、これから先傷つくことがないように、あなたの心をサポートし続けます。

✳ パール

子どものような
純粋さを
引き出してくれます

パワー	◆◆◆
恋愛	◆◆◆◆◆
愛情	◆◆◆◆◆

和名「真珠」ともいわれ、母貝の中で大切に育った生きたエネルギーです。包み込むような優しいエネルギーで、持ち主に愛とやすらぎを与えてくれます。

組み合わせると

どちらも、大きな愛のエネルギーを持っています。また、母に守られている子どものような無邪気さと純粋さを引き出してくれる組み合わせで、持ち主に安心感を与えてくれます。

✳ ブルートパーズ

許しの機会に
恵まれます

パワー	◆◆◆◆◆
人間関係	◆◆◆◆◆
変容	◆◆◆◆◆

今のはっきりしない状況を変えたい、変化させたいというときに、正確な道しるべとなってくれるようなストーンです。一言で表現すると「誠実」。パートナーへの誠実さを表現したいときにもオススメです。

組み合わせると

必要なものや人との出会いをサポートする組み合わせです。また、許しの機会に恵まれ、今まであやふやだった出来事が晴れていき、気持ちがすっきりしてきます。

オニキス

日々の危険から身を守り、快適な毎日を過ごせます

黒瑪瑙●くろめのう

❈ こんなときに

オニキスを欲するとき、あなたは周りのエネルギーに敏感になっているようです。危険が迫っていると感じたり、不安になったりしているかもしれません。

❈ このストーンの特徴

比較的硬度が高く、割れにくい性質を持っています。水・日光に強いので、お手入れがとても簡単です。お守り効果が高く、エネルギーを遮断しますので、組み合わせるストーンには細心の注意が必要です。隣同士にしたときに、片方のエネルギーを感じられないようなときは、組み合わせないようにしてください。

ストーンのパワーと効果

パワー	✦✦✦✦✦
厄除け	✦✦✦✦✦
集中力	✦✦✦✧✧

ストーンとの
つき合い方

気楽に着けられる
お守り

オニキスは、いわゆる「お守り」に似た効果を発揮します。身に着けるほか、キーホルダーやストラップとしても効果的で、1つは持っていたいストーンだと言えるでしょう。

❈ ストーンの効果

このストーンは、どんな状況においても持ち主に危険が迫らないように守り、身代わりになってくれます。良くない出来事、人間関係でのトラブル、霊的なもの、すべてから守ってくれます。

組み合わせ NGストーン

アクアマリン
アラゴナイト
エンジェライト
オレンジムーンストーン
クンツァイト
ピンクオパール
ブルートパーズ
ムーンストーン
モルガナイト
ラリマー
ロードクロサイト
ロードナイト

✳ アメシスト

対人関係の悩みを
吹き飛ばします

パワー	◆◆◆◇◇
人間関係	◆◆◆◆◆
心の安定	◆◆◆◆◆

No.2 の守護石

心の平和を取り戻すことのできるストーンで
す。特に不安な気持ちが強いときに、それを
静めてゆったりした気持ちになることができ
ます。不眠症の克服にも大変効果的です。

✢ 組み合わせると

人間関係のトラブルを解消に導きます。特に
攻撃をかわす力に長けていて、即効性があり
ます。

✳ クリスタルクオーツ

良いサイクルを
つくります

パワー	◆◆◆◆◇
浄化	◆◆◆◆◆
開運	◆◆◆◆◆

クリスタルクオーツほど、万能なストーンは
ないと言えるでしょう。基本的には、浄化・
開運を意味するストーンで、持ち主をすっき
り整え、勇気ある行動をサポートしてくれま
す。

✢ 組み合わせると

ネガティブなエネルギーを取り除き、これか
ら感じるネガティブエネルギーから身を守る、
良いサイクルをつくるための組み合わせです。

❖ 組み合わせ

✳ スモーキークオーツ

自分らしさを
取り戻します

パワー	◆◆◆◆◇
現実化	◆◆◆◆◆
不安解消	◆◆◆◆◆

No.4 の守護石

今ある不安感を解消し、まだ眠っている、潜
在的な力を引き出してくれます。これは行動
することで導き出され、「私は必要とされて
いるんだ」という自信につながります。

✢ 組み合わせると

自分自身の心の闇と戦う組み合わせです。ま
た、邪念を振り払い、集中力をアップし、自
分らしさを取り戻すことができます。

✳ ラピスラズリ

厄除けの
効果があります

パワー	◆◆◆◆◆
厄除け	◆◆◆◆◆
開運	◆◆◆◆◆

お守りとしての効果が高いストーンです。特
に、霊的なものや、目に見えないエネルギー
から身を守り、大きく流れを変えていきます。

✢ 組み合わせると

厄除け効果が最大の組み合わせです。あらゆ
るものから身を守り、どんなときも持ち主を
守り導きます。病中・病後の体力ケアにも有
効で、復活を早めてくれます。

Orange Moon Stone

オレンジムーンストーン

積極的な気持ちになれ、楽しい人間関係を導きます

月長石●げっちょうせき

ストーンのパワーと効果

パワー	◆◆◆◆
人間関係	◆◆◆◆◆
子宝	◆◆◆◆◆

※ こんなときに

オレンジムーンストーンを欲するとき、あなたは対人関係において、積極的で前向きな気持ちを持っているでしょう。とても活発なストーンなので、新たな楽しい知らせを運んできてくれます。

※ このストーンの特徴

オレンジムーンストーンは、遊色効果を持たない、オレンジのムーンストーンのことです。表面がラメのように見えることもあり、キラキラしてとても美しいストーンです。日光・水・塩分、どれにも強いため、比較的扱いやすいストーンだと言えるでしょう。また、パワーチャージは月光が特にオススメです。

※ ストーンの効果

このストーンを女性が着ける場合は、母性を育ててくれます。そのため、子宝のストーンともいわれています。また、男性が着ける場合は、積極的なエネルギーをもたらします。

ストーンとのつき合い方

夫婦一緒に
身に着けて

子宝をサポートするストーンとして人気がありますので、ご夫婦でお持ちになることをオススメします。2人のストーンが呼応して、ストーンのスピリチュアリティーも加わって、良い知らせを運んできてくれるでしょう。

組み合わせNGストーン

オニキス　チベットアゲート

※ カーネリアン

モチベーションアップ
に効果的です

パワー	✦✦✦✦✦
恋愛・引き寄せ	✦✦✦✦✦
行動力	✦✦✦✦✦

No.3 の守護石

とても元気な行動力にあふれたストーンで
す。見ているだけでも楽しくなるようなオレ
ンジ色で、原動力を与えてくれます。

➕ 組み合わせると

どちらも、エネルギーの源のようなストーン
で、とても活発な組み合わせです。モチベー
ションアップにつながります。

※ レッドルチルクオーツ

子宝に恵まれたい
ときに効果的です

パワー	✦✦✦✦✦
エナジー	✦✦✦✦✦
子宝	✦✦✦✦✦

赤い針の入ったルチルクオーツのことで、エ
ネルギーを活性化し、特にエナジー系のスト
ーンとの相性が良く、一緒に着けることで、
さらにエネルギーが大きくなります。

➕ 組み合わせると

子宝に恵まれたい人に、最適な組み合わせで
す。レッドルチルクオーツは、身体を温める
作用が大きいので、妊娠に最適な身体づくり
に役立ちます。

❖ 組み合わせ

※ ローズクオーツ

恋愛初心者に
オススメです

パワー	✦✦✦✦
恋愛	✦✦✦✦✦
ヒーリング	✦✦✦✦✦

愛情の象徴としても知られる、とても人気の
あるストーンです。持つ人の魅力を引き出し、
幸せをサポートします。また、パートナーへ
の愛を育て、思いやりの気持ちを高めます。

➕ 組み合わせると

とても、純粋な組み合わせです。なかなか恋
愛に積極的になれない方へオススメです。

※ ロードクロサイト

恋愛に
積極的になれます

パワー	✦✦✦✦✦
恋愛	✦✦✦✦✦
引き寄せ	✦✦✦✦✦

恋愛・引き寄せの代表的なストーンです。見
た目もとても華やかで、身に着ける人を情熱
的に妖艶に彩ります。楽しい毎日をサポート
するストーンでもあり、感情がとても豊かに
なります。

➕ 組み合わせると

大人の女性に持っていただきたい組み合わせ
です。恋愛に対して積極的に、活発になれる
ようにサポートしてくれます。

Garden Quartz

ガーデンクオーツ

きっかけが欲しいと思っているとき、浄化と新しい波が訪れます

庭園水晶●ていえんすいしょう

ストーンのパワーと効果

パワー	✦✦✦✦✦
浄化	✦✦✦✦✦
現実化	✦✦✦✦✦

✳ こんなときに

ガーデンクオーツを欲するとき、あなたは過去を浄化し新しい一歩を踏み出したいと思っていることでしょう。また、グラウンディングの効果も高いので、思いを現実化したいときにもオススメです。

✳ このストーンの特徴

ガーデンクオーツは、クローライトという含有物を含む水晶のことで、その含有が不規則なことから、ひとつひとつ全く違う色合いを見せます。そのため、初めて見た人は大変驚きます。取り扱い方法は水晶と同じで扱いやすく、水も日光も塩も、すべてに対応できます。また、自浄作用がとても強いストーンでもあり、エネルギーが高く、パワーを感じやすいストーンでもあります。

✳ ストーンの効果

このストーンは、クリスタルクオーツよりも広大なエネルギーであなたを浄化し、物事の進展を早めます。金運をアップしたいとき、特に、不動産や土地にまつわることからの金運アップを願うときにはオススメです。

ストーンとのつき合い方

気の出口に着けると浄化が促進します

ガーデンクオーツは、気の入り口だけではなく、気の出口に使っても効果的なストーンで、その場合は浄化の意味が濃くなります。ブレスレットの場合は右側に、またアンクレットとしてお使いいただくこともオススメです。

組み合わせNGストーン

ありません

どんなストーンとも組み合わせ可能です。

※ アベンチュリン

深いリラクゼーション
がもたらされます

パワー	◆◆◆
ヒーリング	◆◆◆◆
心の安定	◆◆◆◆

まるで森林浴をしているような印象を受ける、とてもヒーリング効果の高いストーンです。リラックス効果が抜群で、気持ちの安定や疲労回復にも役立ちます。

組み合わせると

どちらも、森林や土を思い起こさせるストーンで、組み合わせることによって、より自然のエネルギーに満ちてきます。深いリラクゼーションを求める方には、特にオススメの組み合わせです。

※ クリスタルクオーツ

心身の浄化に
オススメです

パワー	◆◆◆◆
浄化	◆◆◆◆◆
開運	◆◆◆◆◆

クリスタルクオーツほど、万能なストーンはないと言えるでしょう。基本的には、浄化・開運を意味するストーンで、持ち主をすっきり整え、勇気ある行動をサポートしてくれます。

組み合わせると

どちらも浄化のエネルギーに優れているストーンなので、ぜひ気の出口に身に着けてください。右手へのブレスレットが、いちばんオススメです。浄化できている状態だと、物事の回転が早くなります。

組み合わせ

※ ラブラドライト

落ち着きを
保てます

パワー	◆◆◆◆◆
現実化	◆◆◆◆◆
粘り強さ	◆◆◆◆◆

No.11 の守護石

このストーンのグレーの色は大地を意味し、ときおり光るブルーは奇跡的な力を意味します。今まではできないと思い込んでいたことも、きちんと向き合うことによって未来が開けます。

組み合わせると

どちらも、グラウンディングを意味するストーンです。現実化のスピードが早まりますので、時間の流れが早く確実になっていくのを感じることができるでしょう。

※ ルチルクオーツ

チャンスを
現実化します

パワー	◆◆◆◆
金運	◆◆◆◆
エナジー	◆◆◆◆◆

No.5 の守護石

ゴールドの針が入ったクオーツのことです。キラキラ輝くことから金運アップのストーンとしても人気があります。金運の中でも、「チャンス到来」の意味が強く出ます。

組み合わせると

どちらも金運アップのストーンとして人気がありますが、組み合わせることによって、チャンスを現実化し、もっと着実に持ち主の身になるようにサポートしていきます。

ガーネット

どうしてもかなえたいことがある。状況を好転させたいときに

柘榴石●ざくろいし

ストーンのパワーと効果

パワー	✦✦✦✦✦
勝負運	✦✦✦✦✦
復縁	✦✦✦✦✦

周りに気を配りながら身に着けて

このストーンは、とても強いエネルギーで、持ち主にやる気を奮い起こさせてくれます。ただ、あまりにも積極的なエネルギーなので、周りが見えなくなってしまうこともあります。常に調和を大切にしながらお過ごしください。

組み合わせNGストーン

ありません

どんなストーンとも
組み合わせ可能です。

❉ こんなときに

ガーネットを欲するとき、あなたは不安が強く、すっかり冷え切っている状態かもしれません。そんなとき、身体の芯から温め、新たな活力が生まれるようにサポートしていきます。とてもエネルギーあふれるストーンなので、やる気がみなぎってくるでしょう。

❉ このストーンの特徴

ガーネットは1月の誕生石として知られ、「柘榴石」ともいわれる濃いレッドのパワーストーンです。硬度も高く、とても丈夫なストーンなので、日光・水などでのお手入れができます。塩分には弱いので、塩の上に長時間置かないように気をつけてください。レッドからブラックの色合いで、さまざまな趣が楽しめます。

❉ ストーンの効果

復縁や2度目の作用に効果的なストーンでもあります。切れそうになってしまった縁をたぐり寄せていくようなエネルギーに満ちたストーンです。どうしても手に入れたいものがあったときに、勇気を与えてくれます。

✳ アパタイト

エネルギーを
向上させます

パワー	✦✦✦✦
現実化	✦✦✦✦
ヒーリング	✦✦✦✦

心と身体、どちらも安定させ、いい状態を保つためのサポートを受けることができます。また、考えがうまくまとまらないときにも、オススメのストーンです。

組み合わせると

活力を与えるガーネットと、安定感を与えるアパタイトの組み合わせは、気持ちと身体のエネルギーを向上させ、それを安定させることができるようにサポートします。

✳ アメシスト

健康で
エネルギーあふれる
状態になります

パワー	✦✦✦✦
人間関係	✦✦✦✦
心の安定	✦✦✦✦

No.2 の守護石

心の平和を取り戻すことのできるストーンです。特に不安な気持ちが強いときに、それを静めてゆったりした気持ちになることができます。不眠症の克服にも大変効果的です。

組み合わせると

肉体面での消耗をガーネットが、精神面での消耗をアメシストがサポートし、心身ともに健康でエネルギーあふれる状態に回復させていきます。

組み合わせ

✳ ブラッドストーン

母になるための
準備をします

パワー	✦✦✦✦✦
エナジー	✦✦✦✦✦
子宝	✦✦✦✦✦

グリーンの中に、まるで血がわき出るかのように見えるブラッドストーンは、生命の誕生を意味するパワーストーンです。また、血液と密接な関係を持ち、血流を良くしたり、気持ちを上げたりする効果も期待できます。

組み合わせると

どちらも、血液を思い起こさせるストーンです。身体の冷えを解消し、女性が母親になるためのすべてのサポートをしてくれます。

✳ ロードクロサイト

復縁に
効果的です

パワー	✦✦✦✦✦
恋愛	✦✦✦✦✦
引き寄せ	✦✦✦✦✦

恋愛・引き寄せの代表的なストーンです。見た目もとても華やかで、身に着ける人を情熱的に妖艶に彩ります。楽しい毎日をサポートするストーンでもあり、感情がとても豊かになります。

組み合わせると

どちらも、とても情熱的なストーンなので、感情を高めてやる気が出ます。また、復縁にいちばん効果的な組み合わせで、最高に魅力的なあなたをアピールすることができます。告白したいときなどにもオススメの組み合わせです。

Carnelian

カーネリアン

No.3の
守護石

エネルギー不足を感じているときに

紅玉髄●べにぎょくずい

ストーンのパワーと効果

パワー	✦✦✦✦✦
恋愛・引き寄せ	✦✦✦✦✦
行動力	✦✦✦✦✦

**ストーンとの
つき合い方**

目につくところに
身に着けてみて

カーネリアンは、強いエネルギーで持ち主を行動に駆り立たせてくれるストーンです。元気なオレンジのカラーから視覚に入ってくるエネルギーもありますので、目立つところへ身に着けてみてください。

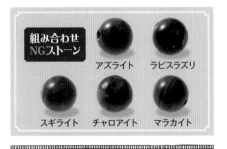

**組み合わせ
NGストーン**

アズライト　ラピスラズリ

スギライト　チャロアイト　マラカイト

❋ こんなときに

カーネリアンを欲するとき、あなたはやっても結果が出ない焦りからスランプに陥って、先に進めなくなってしまっているかもしれません。そんなとき、行動力をつけて、その壁を乗り越えてしまうようなエネルギーを与えてくれるストーンです。

❋ このストーンの特徴

硬度も高く、とても丈夫なストーンなので、水でのお手入れができます。ただし塩・日光には弱いので注意が必要です。オレンジからホワイトの色合いで、さまざまな趣が楽しめます。販売しているショップも多いので、とても手に入りやすく、扱いやすいストーンです。

❋ ストーンの効果

このストーンは、「こんなに頑張っているのに成果が出ない」と思っているときにこそ必要なパワーストーンです。本来スランプは、行動している人にしか訪れませんので、あとはもう少しそのまま続けてみるだけです。

✳ オレンジムーンストーン

モチベーションアップ
に効果的です

パワー	◆◆◆◆
人間関係	◆◆◆◆◆
子宝	◆◆◆◆◆

とても活発なエネルギーを持つムーンストーンです。常に積極的な考えを持ち、楽しい対人関係を引き寄せます。

オレンジムーンストーンには、インスピレーションを磨く効果もありますので、組み合わせることによって、大きな力に導かれ、今までにできなかったことを軽々と達成していけるようなエネルギーに満ちてきます。

✳ タイガーアイ

思い通りに
人生を変化させます

パワー	◆◆◆◆
金運	◆◆◆◆
仕事	◆◆◆◆◆

No.1の守護石

仕事運や金運が上がるストーンとしても人気のパワーストーンです。変化をいち早く察知する洞察力を養い、チャンスをつかむ行動力を与えてくれます。

チャンスをつかむタイガーアイと、行動力を引き出すカーネリアンとの相性は抜群で、どんなチャンスも見逃さず、思い通りに人生を変化させていく、バイタリティあふれる組み合わせです。

✳ レッドルチルクオーツ

もっと
エネルギッシュに
なりたいときに

パワー	◆◆◆◆◆
エナジー	◆◆◆◆◆
子宝	◆◆◆◆◆

赤い針の入ったルチルクオーツのことで、エネルギーを活性化し、特にエナジー系のストーンとの相性が良く、一緒に着けることで、さらにエネルギーが大きくなります。

エナジー系の組み合わせでは最強と言えます。ただし、元気がないときに身に着けるのは、非常にストレスがかかりますので、さらにエネルギッシュになりたいと思うときに身に着けるといいでしょう。

✳ ロードクロサイト

引き寄せを
もたらします

パワー	◆◆◆◆◆
恋愛	◆◆◆◆◆
引き寄せ	◆◆◆◆◆

恋愛・引き寄せの代表的なストーンです。見た目もとても華やかで、身に着ける人を情熱的に妖艶に彩ります。楽しい毎日をサポートするストーンでもあり、感情がとても豊かになります。

どちらもとても積極的なストーンで、見た目も華やかです。常に今を楽しく過ごすことによって、今までにない引き寄せをもたらしてくれる組み合わせです。

Chalcedony

カルセドニー

人と人を結びつけ、さらなる関係を築きます

玉髄●ぎょくずい

✳ こんなときに

カルセドニーを欲するとき、あなたはもっと人とつながりたい、仲良くなりたいと思っているようです。カルセドニーの柔らかなエネルギーが、あなたを優しく包み込み、周りの人と自然と仲良くなれるようにサポートしてくれるでしょう。

ストーンのパワーと効果

パワー	◆◆◆
人間関係	◆◆◆◆◆
結びつき	◆◆◆◆◆

どんな石ともなじみます

カルセドニーは、とても穏やかな、また凛としたしなやかさを持つストーンで、どんな組み合わせでも、突出することなくなじみます。効果も同じように、目立ちすぎることなく、安心感をもたらしてくれるようなストーンです。

組み合わせ NGストーン

ありません

どんなストーンとも組み合わせ可能です。

✳ このストーンの特徴

カルセドニーは、硬度も高く、とても丈夫なストーンなので、水でのお手入れをすることができます。また塩・日光にも強いので取り扱いがとても簡単です。和名は、「玉髄」といい、カラーはホワイトからブルー、またピンクのものも見られます。

✳ ストーンの効果

とても穏やかなエネルギーを持ち、人と人とをつなぐ役割を果たしてくれるストーンです。争いを鎮め、現状を平和で満ちた状態に変容させます。人間関係は、いちばん悩みが深いことと言えますが、どんな状態でも冷静さと穏やかさに満ちたエネルギーで、持ち主を包み込み悩みを解決に導きます。

✳ アクアマリン

さらに
仲良くなるための
組み合わせ

パワー	✦✦✦
恋愛	✦✦✦✦✦
結婚	✦✦✦✦✦

No.9 の守護石

パートナーとのつながりを強めて、結婚に導くストーンです。家族の絆を深めて、家庭を円満にサポートします。また、物事をじっくり確実に進めるときに最適です。

✚ 組み合わせると

どちらも、人と人をつなぐ役割を持ったストーンで、エネルギーも柔らかく使いやすい組み合わせです。特にパートナーシップにおいて絶大なパワーを発揮し、さらに仲良くなるためのストーンとも言えます。

✳ クリソプレーズ

自己実現を
サポートします

パワー	✦✦✦✦
ヒーリング	✦✦✦✦✦
希望	✦✦✦✦✦

希望や光を見いだすためのサポートをくれるストーンです。気持ちが落ち込んだときに、不安感を解消し、明日への希望を見いだすことができます。また、精神的原因からくる体調不良にも効果的です。

✚ 組み合わせると

とても効果的な組み合わせで、自己実現に向けての希望を見いだすことができます。夢があるけど、なかなか踏み出せない人、勇気を出して、前に進みたい人にオススメです。

組み合わせ

✳ ボツワナアゲート

大切な人と
けんかしてしまった
ときに

パワー	✦✦✦✦
人間関係	✦✦✦✦✦
ヒーリング	✦✦✦✦✦

考えすぎて、物事を複雑にしてしまったり、不安になってしまったりという、脳のストレスを解消してくれるストーンです。また、人間関係で傷ついた心を優しくいたわってくれるような効果もあります。

✚ 組み合わせると

人間関係で傷ついた心を回復させ、元あった状態に戻してくれます。まさに、仲直りのためのストーンと言えるでしょう。友だちとけんかしてしまった、恋人とすれ違ってしまったなどのときに、オススメの組み合わせです。

✳ ラリマー

平和的解決を
もたらします

パワー	✦✦✦✦✦
ヒーリング	✦✦✦✦✦
変容	✦✦✦✦✦

三大ヒーリングストーンの1つで、非常にヒーリング効果に優れています。未来からのサポートを多く受けることができますので、安心感を得られます。

✚ 組み合わせると

どちらも、平和や穏やかさという共通のキーワードを持ちます。争い事を鎮めて、平和的解決をしたいときにオススメの組み合わせです。人間関係だけではなく、植物や動物などとの関係もはぐくみます。

Crystal Quartz
クリスタルクオーツ

どんな過去も浄化し、新しい流れをつくり出します

水晶 ●すいしょう

ストーンのパワーと効果

パワー	◆◆◆◆
浄化	◆◆◆◆◆
開運	◆◆◆◆◆

ストーンとのつき合い方

気の出口への装着が特にオススメ

身に着ける場所によって、全く違うサポートをもらうことができます。過去を浄化したいときは右手に、新しい流れをつくりたいときには左手に着けると効果的です。

組み合わせNGストーン

ありません

どんなストーンとも組み合わせ可能です。

✳ こんなときに

クリスタルクオーツを欲するとき、あなたは少し過去に振り回されているのかもしれません。トラウマやストレスを解消し、新しい流れをつくってくれます。

✳ このストーンの特徴

硬度が高く、割れにくい性質を持っています。水・塩・日光に強いので、お手入れがとても簡単です。比較的、相性とは関係なく着けることができるので、パワーストーン初心者から上級者まで、とても人気があります。自浄作用に優れたストーンですが、疲労してくるとイエローにくすんだ状態になります。そうなってしまったストーンは、そのまま装着せずに自然に返しましょう。

✳ ストーンの効果

クリスタルクオーツは、過去の嫌なことや、疲れ、ストレスなど、持っていないほうがいいネガティブなエネルギーをきれいに浄化してくれます。そして、それぞれ組み合わせるストーンを際立たせ、エネルギーを発揮しやすく整えます。また、真実を見通す力に優れているため、水晶占いなどに使われることもあるのです。

✳ ガーデンクオーツ

心身の浄化に
オススメです

パワー	✦✦✦✦✦
浄化	✦✦✦✦✦
現実化	✦✦✦✦✦

クローライトが混入された、より自然のエネルギーを持つクオーツのことです。ひとつひとつ趣が違う、とても魅力的なストーンです。

✛ 組み合わせると

特に浄化の作用を高めたいときにオススメの組み合わせです。右手への着用が望ましく、過去を浄化し、未来への流れをつくり出します。

✳ シトリン

ストレスを
浄化します

パワー	✦✦✦✦
ヒーリング	✦✦✦✦✦
ストレス解消	✦✦✦✦✦

心・身体・金銭的なことからくる過度のプレッシャーやストレスを解放し、精神的な安定を導きます。まるで「心配しなくても大丈夫！」と語りかけてくれるようなストーンです。

✛ 組み合わせると

過去のトラウマや心配事を浄化し、気持ちをポジティブに整えてくれる組み合わせです。ストレスが高いときにもオススメです。

組み合わせ

✳ ルチルクオーツ

新しい流れを
つくり出します

パワー	✦✦✦✦✦
金運	✦✦✦✦✦
エナジー	✦✦✦✦✦

No.5 の守護石

ゴールドの針が入ったクオーツのことです。キラキラ輝くことから金運アップのストーンとしても人気があります。金運の中でも、「チャンス到来」の意味が強く出ます。

✛ 組み合わせると

浄化されたあと、急激な変容を望む場合に効果的な組み合わせです。「一掃する」というイメージがピッタリで、新しい流れを引き寄せることができます。

✳ ローズクオーツ

優しい
浄化パワーが
欲しいときに

パワー	✦✦✦✦
恋愛	✦✦✦✦✦
ヒーリング	✦✦✦✦✦

愛情の象徴としても知られる、とても人気のあるストーンです。持つ人の魅力を引き出し、幸せをサポートします。また、パートナーへの愛を育て、思いやりの気持ちを高めます。

✛ 組み合わせると

クリスタルクオーツの浄化のエネルギーが強すぎると感じる場合は、ローズクオーツと組み合わせてあげてください。優しい浄化パワーに変化します。

クリソコラ

もっとナチュラルな生活ができるようになります

珪孔雀石 ●けいくじゃくせき

ストーンのパワーと効果

パワー	✦✦✦✦
現実化	✦✦✦✦✦
浄化	✦✦✦✦✦

**ストーンとの
つき合い方**

握りしめると
気持ちが落ち着きます

クリソコラは、その存在自体が大地のように感じられます。そのため、気持ちが落ち着かないときは握りしめてもいいでしょう。ただし、自浄作用があまりないので、浄化をまめに行ってください。

**組み合わせ
NGストーン**　ありません

どんなストーンとも
組み合わせ可能です。

✳ こんなときに

クリソコラを欲するとき、あなたは少し情緒不安定気味で、身体のバランスを崩してしまっているかもしれません。生活のサイクルを取り戻し、身体のバランスを整えて良い状態へと導いていきます。

✳ このストーンの特徴

硬度も低く、とても扱いにくいストーンです。特に水や塩での浄化ができないため、ほかの浄化方法を選ぶ必要があります（p.173 参照）。また、硬度が低いため、表面にざらつきや傷に似たものが見られますが、これは自然の作用なので気にしなくて大丈夫です。

✳ ストーンの効果

このストーンは、とても温かなエネルギーを持っています。それは、地球と密接なかかわりを持っているからで、持ち主がもっとナチュラルな生活ができるように導き、より良い状態に戻るためのさまざまなサポートをしてくれます。

✳ アイオライト

思いがけない
解決策へと
たどり着けます

パワー	◆◆◆◆◇
現実化	◆◆◆◆◆
成功	◆◆◆◆◇

「ビジョンの石」ともいわれ、自分の思いを
達成するサポートをしてくれます。持ち主にい
ちばんいい状態を思い出させ、挫折や苦労を
成功へと導いてくれるストーンでもあります。

✚ 組み合わせると

やりたいと思ったことが、うまくいかなかっ
たとき、自分へのプレッシャーを抑えて、肩
の力を抜き、思いがけない解決策や成功を手
にすることのできる組み合わせです。

✳ ジェダイト

努力が実り
成功へ導きます

パワー	◆◆◆◆◆
目標達成	◆◆◆◆◆
精神力	◆◆◆◆◆

No.22 の守護石

繁栄と成功のお守りとして、昔から尊重され
てきたパワーストーンです。精神的成長を促
し、努力が実るビジネスのお守りです。

✚ 組み合わせると

どちらも、今の努力を実らせて、成功に導く
ストーンです。なかなかうまくいかないこと
の障害物を取り除き、軌道に乗せ、本来の目
的を思い出させてくれる組み合わせです。

◆ 組み合わせ ◆

✳ マラカイト

心の毒を
取り除きます

パワー	◆◆◆◆◆
厄除け	◆◆◆◆◆
ヒーリング	◆◆◆◆◇

ネガティブなエネルギーを吸収してくれる頼
もしいパワーストーンです。相手の感情にの
み込まれすぎず、自分をしっかり保つサポー
トをしてくれます。

✚ 組み合わせると

どちらも、ネガティブなエネルギーを抑えて
くれるストーンで、自らに自浄作用がないと
ころも似ています。心の毒を出して、本来の
自分に戻す手助けをしてくれます。くれぐれ
も、まめに浄化をしてください。

✳ ラブラドライト

現実化の速度が
早まります

パワー	◆◆◆◆◆
現実化	◆◆◆◆◆
粘り強さ	◆◆◆◆◆

No.11 の守護石

このストーンのグレーの色は大地を意味し、
ときおり光るブルーは奇跡的な力を意味しま
す。今まではできないと思い込んでいたこと
も、きちんと向き合うことによって未来が開
けます。

✚ 組み合わせると

どちらも、グラウンディングの意味を持つス
トーンです。組み合わせて着けることによっ
て、より現実化の速度が増し、自分の思いが
達成されやすくなっていきます。

クンツァイト

心にたまったトラウマを取り除き、真実の愛に出会えます

リシア輝石●りしあきせき　黝輝石●ゆうきせき

ストーンのパワーと効果

パワー	✦✦✦✦✦
恋愛	✦✦✦✦✦
トラウマの解放	✦✦✦✦✦

ストーンとのつき合い方

苦しみを溶かすまでしっかり握って

握りしめるだけでじんわり汗がにじむほど熱く感じるストーンです。それは、苦しみを溶かしてくれるもの。ときには熱すぎて手放したくなることもありますが、しっかり握って未来を見てみましょう。

組み合わせNGストーン

オニキス　　チベットアゲート

※ こんなときに

クンツァイトを欲するとき、あなたは過去のトラウマにがんじがらめになってしまって動けなくなっているかもしれません。そんなとき、熱いエネルギーでそのトラウマを溶かし出す役割をしてくれます。

※ このストーンの特徴

硬度は高めですが、縦に割れやすい性質を持っているので、とても衝撃に弱いストーンです。そのため、ぶつけたり落としたりということが、致命傷になりますので、取り扱いに十分注意してください。流水は大丈夫ですが、長い間水に浸すことがないようにしてください。また、日光に弱いので注意が必要です。

※ ストーンの効果

クンツァイトは、恋愛がうまくいかない、異性に抵抗を感じるなど、愛情面でのトラウマを解消し、真実の愛に気づかせてくれます。トラウマが解消されると、せきを切ったようにあなたの人生が動き出すのが実感できるでしょう。

❋ シトリン

ネガティブな
思いを解消します

パワー	✦✦✦✦
ヒーリング	✦✦✦✦✦
ストレス解消	✦✦✦✦✦

心・身体・金銭的なことからくる過度のプレッシャーやストレスを解放し、精神的な安定を導きます。まるで「心配しなくても大丈夫！」と語りかけてくれるようなストーンです。

✛ 組み合わせると

恋愛だけではなく、心にたまってしまったネガティブな思いを浄化し、未来へ進む勇気を与えてくれる組み合わせです。何かがはがれ落ちるような寂しさや苦しみを感じる人もいますが、その苦しみをも解消してくれるような癒しのパワーを持っています。

❋ モルガナイト

愛を
成就させてくれます

パワー	✦✦✦✦✦
恋愛	✦✦✦✦✦
献身	✦✦✦✦✦

アクアマリンと同じ「ベリル」の仲間です。思いやりの気持ちを育てる、とても優しい愛情に満ちたストーンです。また、相手に献身的な愛情をもたらすストーンで、結婚への一歩を踏み出すときにもオススメです。

✛ 組み合わせると

真実の愛に出会えたら、それをもっと成熟させていく、愛し愛されたいという思いを、そのまま形にしたような感じです。大切なのは、思いやりの気持ちを忘れないことです。

組み合わせ

❋ ローズクオーツ

恋愛のトラウマを
解消します

パワー	✦✦✦✦
恋愛	✦✦✦✦✦
ヒーリング	✦✦✦✦✦

愛情の象徴としても知られる、とても人気のあるストーンです。持つ人の魅力を引き出し、幸せをサポートします。また、パートナーへの愛を育て、思いやりの気持ちを高めます。

✛ 組み合わせると

どちらも恋愛のパワーストーンですが、組み合わせて使うと、トラウマを解消し、思いを捧げるパートナーとの真実の恋愛を引き寄せるというロマンチックなアクセサリーに仕上がります。

❋ ロードクロサイト

真実の愛を
引き寄せます

パワー	✦✦✦✦✦
恋愛	✦✦✦✦✦
引き寄せ	✦✦✦✦✦

恋愛・引き寄せの代表的なストーンです。見た目もとても華やかで、身に着ける人を情熱的に妖艶に彩ります。楽しい毎日をサポートするストーンでもあり、感情がとても豊かになります。

✛ 組み合わせると

真実の恋愛を引き寄せる、最強の組み合わせです。つらい過去をも吹き飛ばすような情熱で、パートナーとの愛をはぐくみます。とても積極的になることができます。

サードオニキス

災いをはねのけ、家族に幸運をもたらします

赤天眼石●あかてんがんせき　赤縞瑪瑙●あかしまめのう

ストーンのパワーと効果

パワー	◆◆◆◆
厄除け	◆◆◆◆◆
家族愛	◆◆◆◆◆

ストーンとのつき合い方

女性の健康を守ります

サードオニキスは、女性の健康をサポートするお守りでもあります。母の日のプレゼントとしてもとても人気があり、贈る人の気持ちが反映し、家族の絆が深まります.

組み合わせNGストーン

スギライト　　チャロアイト

※ こんなときに

サードオニキスを欲するとき、あなたは家族を大切に思い、守りたいと感じていることでしょう。また、更年期など女性のアンバランスな身体を整える作用もあります。

※ このストーンの特徴

サードオニキスは、「赤天眼石」ともいわれ、レッドからホワイトへのグラデーションに、目のようなしま模様が見られます。硬度はとても高く、割れにくくとても扱いやすいストーンです。また、流水にさっとさらす程度は大丈夫ですが、基本的に水・塩・日光に弱いので、お手入れは注意が必要です。

※ ストーンの効果

家族のつながりを強めてくれるストーンです。女性のホルモンバランスを保ち、お母さんの体調を整えるストーンでもあります。心配事を解消し、家族全員が健康で長生きできるようにサポートしてくれます。

※ オレンジムーンストーン

パートナーとの
つながりを
深めてくれます

パワー	✦✦✦✦
人間関係	✦✦✦✦✦
子宝	✦✦✦✦✦

とても活発なエネルギーを持つムーンストーンです。常に積極的な考えを持ち、楽しい対人関係を引き寄せます。

夫婦間のつながりを深める組み合わせです。心配事がなくなり、ホルモンバランスも整い、子宝にも恵まれます。パートナーに対して、積極的な気持になることができます。

※ ガーネット

健康な
身体づくりを
サポートしてくれます

パワー	✦✦✦✦✦
勝負運	✦✦✦✦✦
復縁	✦✦✦✦✦

No.8 の守護石

エネルギーを活性化し、勝負運を高めるストーンです。努力を成功に導いてくれるストーンでもあります。「こんなに頑張ってきたんだから大丈夫」と語りかけてくれているようです。

組み合わせると

ガーネットは血液に作用し、サードオニキスはホルモンに作用する、健康な身体づくりにピッタリな組み合わせです。

❖ 組み合わせ ❖

※ カーネリアン

幸せ感に
包まれます

パワー	✦✦✦✦✦
恋愛・引き寄せ	✦✦✦✦✦
行動力	✦✦✦✦✦

No.3 の守護石

とても元気な行動力にあふれたストーンです。見ているだけでも楽しくなるようなオレンジ色で、原動力を与えてくれます。

同じ種類のストーンで、とても相性がいい組み合わせです。幸福感に包まれ、カップルの関係を深めます。

※ ローズクオーツ

女性の
ホルモンバランスを
整えます

パワー	✦✦✦✦
恋愛	✦✦✦✦✦
ヒーリング	✦✦✦✦✦

愛情の象徴としても知られる、とても人気のあるストーンです。持つ人の魅力を引き出し、幸せをサポートします。また、パートナーへの愛を育て、思いやりの気持ちを高めます。

女性の健康のお守りとして、最適な組み合わせです。特に更年期対策にはぴったりです。

Sun Stone
サンストーン

新たな可能性に向かって、行動するときがやってきました

日長石●にっちょうせき

ストーンのパワーと効果

パワー	✦ ✦ ✦ ✦ ✦
目標達成	✦ ✦ ✦ ✦ ✦
リーダーシップ	✦ ✦ ✦ ✦ ✦

**ストーンとの
つき合い方**

目標を
高くかかげて

目標を高く持って身に着けることをオスス
メします。サンストーンに頼りきりの状態
だと、何もつかめないまま終わってしまい
そうです。

**組み合わせ
NGストーン**

セラフィナイト

✳ こんなときに

サンストーンを欲するとき、あなたは心身
から出る、強いエネルギーの矛先を探し
ているのかもしれません。今こそ、何かに
チャレンジし、新たな世界を切り開いてい
くときかもしれません。

✳ このストーンの特徴

サンストーンは、硬度は高めで丈夫なの
で、とても扱いやすいストーンです。お手
入れもしやすく、水・塩・日光など、苦手
とするものがありません。表面に、割れ
や傷がある場合もありますが、長石独特
のものなので、特に気にする必要はあり
ません。

✳ ストーンの効果

このストーンは、男性的エネルギーの象
徴とも言える、リーダーシップや決断力を
生み出すストーンです。鉱山を切り開いて
いくかのように、何もないところから新た
な世界を見つけ出していく力強さを持った
ストーンです。

✳ シトリン

プレッシャーを
吹き飛ばします

パワー	✦✦✦✦
ヒーリング	✦✦✦✦✦
ストレス解消	✦✦✦✦✦

心・身体・金銭的なことからくる過度のプレッシャーやストレスを解放し、精神的な安定を導きます。まるで「心配しなくても大丈夫！」と語りかけてくれるようなストーンです。

✛ 組み合わせると

やりたいことはあるけど、なかなか前に進めない人にオススメです。プレッシャーを吹き飛ばし、本来の自分に戻していきます。

✳ タイガーアイ

人生の
転機が訪れます

パワー	✦✦✦✦✦
金運	✦✦✦✦✦
仕事	✦✦✦✦✦

No.1 の守護石

仕事運や金運が上がるストーンとしても人気のパワーストーンです。変化をいち早く察知する洞察力を養い、チャンスをつかむ行動力を与えてくれます。

✛ 組み合わせると

変化をいち早く察知し、それに向かって強いエネルギーで進んでいくことができるようになる組み合わせです。人生の転機となるときに一歩踏み出す決断力を与えてくれます。

組み合わせ

✳ ルチルクオーツ

リーダーシップを
発揮します

パワー	✦✦✦✦✦
金運	✦✦✦✦✦
エナジー	✦✦✦✦✦

No.5 の守護石

ゴールドの針が入ったクオーツのことです。キラキラ輝くことから金運アップのストーンとしても人気があります。金運の中でも、「チャンス到来」の意味が強く出ます。

✛ 組み合わせると

どちらもリーダーシップを発揮するストーンで、組み合わせることにより、どんな壁をも乗り越えていける勇気と決断力をもたらします。「俺についてこい！」といった感じでしょうか。

✳ レッドルチルクオーツ

やる気に
満ちあふれます

パワー	✦✦✦✦✦
エナジー	✦✦✦✦✦
子宝	✦✦✦✦✦

赤い針の入ったルチルクオーツのことで、エネルギーを活性化し、特にエナジー系のストーンとの相性が良く、一緒に着けることで、さらにエネルギーが大きくなります。

✛ 組み合わせると

とてもエネルギーあふれる組み合わせです。エナジー効果が高いので、やる気に満ちて、先頭に立って物事を進めていくたくましさが出てきます。

Sea Blue Chalcedony

シーブルーカルセドニー

コミュニケーション上手になります

玉髄●ぎょくずい

ストーンのパワーと効果	
パワー	◆◆◆
人間関係	◆◆◆◆◆
穏やかさ	◆◆◆◆◆

✳ こんなときに

シーブルーカルセドニーを欲するとき、あなたは人間関係で疲れてしまったり、うまくいかないと感じていたりするかもしれません。そんなあなたを穏やかなエネルギーで包み込みます。

✳ このストーンの特徴

シーブルーカルセドニーは、カルセドニーの一種で、カラーは鮮やかなブルーです。硬度も高く、とても丈夫なストーンなので、水・塩でのお手入れをすることができます。日光に長時間さらされると、変色してしまうことがありますので、注意が必要です。

人生の理想像を描きながら

ストーンとのつき合い方

このストーンを身に着けると嫌なことがすーっと流れていくように感じます。着け始めたら、傷ついた過去に執着することなく、人生の理想像を描いてみてください。

✳ ストーンの効果

人間関係でうまくいっていないときには、シーブルーカルセドニーが効果を発揮します。身に着けることによって争いを鎮めたり、より関係が深まったりしていきます。あなたの中の平和を願う気持ちが共鳴し、相手に癒やしを与えることができ、コミュニケーション上手になることで、いい関係を築くことができます。

組み合わせNGストーン

ありません

どんなストーンとも組み合わせ可能です。

※ アクアマリン

穏やかな
気持ちになります

パワー	◆◆◆
恋愛	◆◆◆◆◆
結婚	◆◆◆◆◆

No.9 の守護石

パートナーとのつながりを強めて、結婚に導くストーンです。家族の絆を深めて、家庭を円満にサポートします。また、物事をじっくり確実に進めるときに最適です。

組み合わせると

とても穏やかな関係を築ける組み合わせです。相手を理解し、さらなる進展へと導きます。

※ アマゾナイト

自分自身と
仲良くなれます

パワー	◆◆◆◆
現実化	◆◆◆◆◆
自信回復	◆◆◆◆◆

うまくいかず自信をなくしてしまった、周りと比べて私はダメだと感じている、そんなとき、アマゾナイトはあなたに自信を取り戻させてくれます。まずは、落ち着いて、できることからやってみましょう。

組み合わせると

周りの人と戦う必要がないことを教えてくれる組み合わせです。大切なのは、自分ともっと仲良くなること。自分自身と向き合って、より良い状態へと導きます。

組み合わせ

※ ブルーレースアゲート

人間関係で
困っているときに
オススメです

パワー	◆◆◆◆
人間関係	◆◆◆◆◆
出会い	◆◆◆◆◆

No.6 の守護石

フレンドリーストーンともいわれ、ソウルメイトを引き寄せるとされています。会った瞬間から、気持ちが通じ、ずっと一緒にいたかのような安心感が得られる出会いをもたらしてくれます。

組み合わせると

人間関係で困っているときに効果的な組み合わせです。ストレスを解消し、気持ちのいい関係をつくります。

※ ラリマー

愛と平和の
象徴です

パワー	◆◆◆◆◆
ヒーリング	◆◆◆◆◆
変容	◆◆◆◆◆

三大ヒーリングストーンの1つで、非常にヒーリング効果に優れています。未来からのサポートを多く受けることができますので、安心感を得られます。

組み合わせると

愛と平和を象徴する組み合わせです。穏やかに生活したい人、争い事を遠ざけたい人にもオススメです。

ジェダイト

今までの努力が報われるときがやってきます

翡翠●ひすい

ストーンのパワーと効果

パワー	✦✦✦✦✦
目標達成	✦✦✦✦✦
精神力	✦✦✦✦✦

ストーンとのつき合い方

毎日120%の力で努力を惜しまずに

とても学びが深いストーンなので、ラッキーなことに出会いたい！という気持ちで着けても、何も感じることはできません。大切なのは、努力を惜しまないことです。

組み合わせNGストーン

ありません

どんなストーンとも
組み合わせ可能です。

✳ こんなときに

ジェダイトを欲するとき、あなたは試されているときであり、今の状況で努力を強いられることも多くなります。それは、未来の発展のためであり、自己成長の証しでもあります。

✳ このストーンの特徴

ジェダイトは、和名「翡翠（ひすい）」ともいわれ、日本でも産出される人気のあるストーンです。また、5月の誕生石としても知られています。水・塩・日光など、苦手とするものがないので、お手入れもしやすく、とても扱いやすいストーンです。グレードの高いものは、深いエメラルドグリーンをしていて、「インペリアル・ジェード」と呼ばれています。

✳ ストーンの効果

このストーンは、努力の先にある成功を意味しています。成長こそが、成功の証しです。頑張っている自分へごほうびを与えてくれるようなストーンです。精一杯の行動が、あなたの未来につながります。

✳ アズライト

いざというときの
直感を磨きます

パワー	✦✦✦✦✦
厄除け	✦✦✦✦✦
調整	✦✦✦✦✦

霊的なエネルギーを調整するストーンとしても知られ、一部のプロのヒーラーや、宗教家などが好むストーンです。

組み合わせると

とてもエネルギーの高い組み合わせなので、活動時間のみの装着が望ましいです。見えないものを見通す力、いざというときの直感力などを養うストーンです。

✳ スモーキークオーツ

能力を
認めてもらえます

パワー	✦✦✦✦
現実化	✦✦✦✦✦
不安解消	✦✦✦✦✦

No.4 の守護石

今ある不安感を解消し、まだ眠っている、潜在的な力を引き出してくれます。これは行動することで導き出され、「私は必要とされているんだ」という自信につながります。

組み合わせると

持っている力を最大限発揮し、それが認められる、最高のスパイラルをつくり出してくれる組み合わせです。

組み合わせ

✳ ラブラドライト

現状が
動き出します

パワー	✦✦✦✦✦
現実化	✦✦✦✦✦
粘り強さ	✦✦✦✦✦

No.11 の守護石

このストーンのグレーの色は大地を意味し、ときおり光るブルーは奇跡的な力を意味します。今まではできないと思い込んでいたことも、きちんと向き合うことによって未来が開けます。

組み合わせると

地道に頑張っている人に、成果を持ってきてくれる組み合わせです。またグラウンディングの意味が強いので、今までなかなか動かなかった案件が動き出す兆しが出てきます。

✳ ルチルクオーツ

頑張った
ごほうびが
もらえます

パワー	✦✦✦✦✦
金運	✦✦✦✦✦
エナジー	✦✦✦✦✦

No.5 の守護石

ゴールドの針が入ったクオーツのことです。キラキラ輝くことから金運アップのストーンとしても人気があります。金運の中でも、「チャンス到来」の意味が強く出ます。

組み合わせると

どちらも、富と繁栄を意味するストーンですが、組み合わせることによって、頑張ったごほうびがチャンスとして与えられます。あとは、自信を持って、そのチャンスをしっかりつかんでみてください。

Citrine

シトリン

大きなプレッシャーやストレスを解消へと導きます

黄水晶●きすいしょう

ストーンのパワーと効果

パワー	◆◆◆◆
ヒーリング	◆◆◆◆◆
ストレス解消	◆◆◆◆◆

ストーンとのつき合い方

いちばん気持ちいい状態をイメージして

シトリンは、長い間あなたを苦しめてきたことから、解放に導いてくれるストーンです。着け始めたら、すべてが解決され、心地良い状態に戻っていくイメージをしてみてください。

組み合わせNGストーン

ありません

どんなストーンとも組み合わせ可能です。

※ こんなときに

シトリンを欲するとき、あなたは健康面、金銭的なことなどでストレスを抱えている状態で、特に、臓器に負担をかけている可能性があります。心配やプレッシャーは、どんどん身体をむしばみます。シトリンはそんなネガティブエネルギーをなくすよう導いてくれます。

※ このストーンの特徴

シトリンは、和名「黄水晶」ともいわれ、薄いイエローのとても美しいストーンです。また、トパーズとともに、11月の誕生石としても知られています。とても扱いやすいストーンで、水・塩でのお手入れができます。ただ、直射日光に弱いので、長時間当てないように気をつけてください。比較的手に入りやすく、ベーシックなストーンと言えます。内包があるものが多く見られます。

※ ストーンの効果

このストーンは、過去に起こったことからくるトラウマやストレスを解消に導きます。「今」にフォーカスしたストーンで、現状をより安心感に満ちた状態にするためのサポートをしてくれます。

✴ ニュージェイド

リラックス
できます

パワー	◆◆◆
ヒーリング	◆◆◆◆◆
浄化	◆◆◆◆

ストレスを和らげ、高揚しすぎてしまった気持ちを静めてくれます。高いヒーリング効果があり、気持ちが落ち込んでしまったときにも役立ちます。

組み合わせると

どちらもストレスを解消し、気持ちを安定させるために効果的です。組み合わせて着けることで、癒やしのエネルギーが高まり、リラックスして物事を考えられるようになります。

✴ プレナイト

美容と
健康の維持に
オススメです

パワー	◆◆◆◆
ヒーリング	◆◆◆◆◆
浄化	◆◆◆◆

まるでコラーゲンのようなツルンとした見た目から、美容や健康をサポートするストーンとしても人気があります。リラクゼーション効果が抜群です。

組み合わせると

美容と健康運に最適な組み合わせで、健全な毎日を送るために必要です。どんな大きなストレスも、溶かされていくイメージを持ってみてください。

❧ 組み合わせ ❧

✴ ルチルクオーツ

お金のストレスを
解消します

パワー	◆◆◆◆◆
金運	◆◆◆◆◆
エナジー	◆◆◆◆◆

No.5 の守護石

ゴールドの針が入ったクオーツのことです。キラキラ輝くことから金運アップのストーンとしても人気があります。金運の中でも、「チャンス到来」の意味が強く出ます。

組み合わせると

シトリンの金運アップの側面を引き出す組み合わせです。商売をしている人や、チャンスに恵まれたい人にオススメの組み合わせです。また、お金のストレスから解放されます。

✴ ローズクオーツ

イライラ感を
抑えます

パワー	◆◆◆◆
恋愛	◆◆◆◆◆
ヒーリング	◆◆◆◆◆

愛情の象徴としても知られる、とても人気のあるストーンです。持つ人の魅力を引き出し、幸せをサポートします。また、パートナーへの愛を育て、思いやりの気持ちを高めます。

組み合わせると

特に、女性にオススメで、身体や心をサポートしてくれる組み合わせです。また、イライラ感や、ストレスを解消してくれます。

ジャスパー

落ち着いた考えができるように導きます

碧玉●へきぎょく

ストーンのパワーと効果

パワー	◆◆◆◆
現実化	◆◆◆◆◆
心の安定	◆◆◆◆◆

ストーンとのつき合い方

土に触れる機会を持ってみて

持ち主が自然な考え方ができるようにサポートし、もっと大地からエネルギーをもらえるようにしてくれます。ジャスパーを着け始めたら、土に触れる機会を持つと、さらにエネルギーを実感できます。

組み合わせNGストーン

ありません

どんなストーンとも組み合わせ可能です。

✳ こんなときに

ジャスパーを欲するとき、あなたは向き合わなくてはいけない問題から逃げてしまっているのかもしれません。安定感のあるストーンで、現実問題としっかり向き合うことができるようにサポートします。

✳ このストーンの特徴

ジャスパーは、和名を「碧玉」といい、一般的には褐色のものを指します。ほかにイエロー、グリーンなどのカラーも存在します。硬度が高く丈夫で、水・塩・日光にも強くお手入れがしやすいため、使いやすいストーンです。

✳ ストーンの効果

このストーンは、大地が持つどっしりとしたエネルギーを備えた、とても頼もしいストーンです。グラウンディングの効果もありますので、しっかりとした考えを持つことができ、現実化が早まります。

✳ スモーキークオーツ

自己評価が
高まります

パワー	◆◆◆◆
現実化	◆◆◆◆◆
不安解消	◆◆◆◆◆

No.4 の守護石

今ある不安感を解消し、まだ眠っている、潜在的な力を引き出してくれます。これは行動することで導き出され、「私は必要とされているんだ」という自信につながります。

組み合わせると

心に安定感をもたらし、自己評価が高まります。自信を持って行動できるようにサポートしてくれる組み合わせです。

✳ ブラッドストーン

自然のエネルギーを
受け取ることが
できます

パワー	◆◆◆◆◆
エナジー	◆◆◆◆◆
子宝	◆◆◆◆◆

グリーンの中に、まるで血がわき出るかのように見えるブラッドストーンは、生命の誕生を意味するパワーストーンです。また、血液と密接な関係を持ち、血流を良くしたり、気持ちを上げたりする効果も期待できます。

組み合わせると

ブラッドストーンはジャスパーの一種なので、とても相性が良く共鳴します。自然のエネルギーをたっぷり受けることのできる組み合わせです。

組み合わせ

✳ ユナカイト

悩みを
解消に導きます

パワー	◆◆◆
ヒーリング	◆◆◆◆◆
心の安定	◆◆◆◆◆

乱れた心の状態を安定させ、身体のバランスもとってくれるストーンです。より自然な状態へと、持ち主をサポートします。

組み合わせると

大地とつながりたいときにオススメの組み合わせです。悩みが解消し、より自然な考え方ができるようになります。

✳ ラブラドライト

広い視野を
持つことができます

パワー	◆◆◆◆◆
現実化	◆◆◆◆◆
粘り強さ	◆◆◆◆◆

No.11 の守護石

このストーンのグレーの色は大地を意味し、ときおり光るブルーは奇跡的な力を意味します。今まではできないと思い込んでいたことも、きちんと向き合うことによって未来が開けます。

組み合わせると

どちらもグラウンディングに最適なストーンで、組み合わせることで広い視野を持つことができ、より自然な発想をすることができます。

スギライト

無条件の愛で守ってくれます

杉石●すぎいし

ストーンのパワーと効果

パワー	✦✦✦✦✦
ヒーリング	✦✦✦✦✦
安心感	✦✦✦✦✦

ストーンとのつき合い方

色の濃さによって効果が少し異なります

スギライトは、とてもエネルギーの強いストーンです。より守られたいと思うときは暗い色のものを、より癒やされたいと感じる人は、明るめのものをチョイスするようにしてください。

組み合わせNGストーン

カーネリアン　サードオニキス

❋ こんなときに

スギライトを欲するとき、あなたは「大きな愛に守られたい」と感じていると言えます。このストーンは真実の愛を探すあなたの要求を満たしてくれるでしょう。

❋ このストーンの特徴

スギライトは、三大ヒーリングストーンの1つで、最も効果を実感しやすく、エネルギーの高いストーンと言えます。とても高価なストーンなので、扱い方も慎重にしなくてはいけません。水に長くつけておくこと、塩の上に置くことは厳禁です。黒紫から明るい紫まで色彩はさまざまですが、ピンクに近いものは恋愛においてパワーを発揮します。また、暗い色のほうが、エネルギーが強くずっしりした感覚を感じるでしょう。

❋ ストーンの効果

このストーンは、あなたがいちばん求める、安心できる場所、心を許せる場所へ導いてくれます。ときには、マイナスオーラから身を守り、ときには癒やしのパワーを引き寄せるというふうに、変幻自在ですが、「安心感」というメッセージのもとサポートしてくれます。

※ アパタイト

2つのものを
結びつける
役割を果たします

パワー	✦✦✦✦
現実化	✦✦✦✦✦
ヒーリング	✦✦✦✦

心と身体、どちらも安定させ、いい状態を保つためのサポートを受けることができます。また、考えがうまくまとまらないときにも、オススメのストーンです。

✛ 組み合わせると

男性と女性、身体と心、物質と感情、現実の世界と空想の世界……、対極に位置する2つのものを結びつける役割をします。とてもエネルギーの高い組み合わせなので、ヒーラーやエネルギーワークができる人に特化した組み合わせです。

※ チャロアイト

恐れの感情を
解消します

パワー	✦✦✦✦✦
ヒーリング	✦✦✦✦✦
不安解消	✦✦✦✦✦

三大ヒーリングストーンの1つで、精神的な癒やしをサポートするストーンです。恐れや心の弱さを克服し、迷いを断ち切って道を切り開いていきます。

✛ 組み合わせると

恐れの感情が強いときでも、絶大な安心感を持って行動することができるようになります。なかなか前に進めないときに、自分を慰める気持ちで身に着けるといいでしょう。

組み合わせ

※ ラリマー

安心感が
もたらされます

パワー	✦✦✦✦✦
ヒーリング	✦✦✦✦✦
変容	✦✦✦✦✦

三大ヒーリングストーンの1つで、非常にヒーリング効果に優れています。未来からのサポートを多く受けることができますので、安心感を得られます。

✛ 組み合わせると

どちらも、癒やしのパワーあふれるストーンで、組み合わせることによって、今まで感じたことのない安心感を得ることができます。

※ ローズクオーツ

安心できる人を
引き寄せます

パワー	✦✦✦✦
恋愛	✦✦✦✦✦
ヒーリング	✦✦✦✦✦

愛情の象徴としても知られる、とても人気のあるストーンです。持つ人の魅力を引き出し、幸せをサポートします。また、パートナーへの愛を育て、思いやりの気持ちを高めます。

✛ 組み合わせると

スギライトの恋愛の意味を最大限に引き出す組み合わせです。安心できる人との出会いを引き寄せ、充実した毎日を送ることができるようにサポートします。

スモーキークオーツ

No.4の
守護石

不安感を解消し、もともと持っている潜在的なエネルギーを引き出します

煙水晶●けむりすいしょう　茶水晶●ちゃすいしょう

ストーンのパワーと効果

パワー	✦✦✦✦
現実化	✦✦✦✦✦
不安解消	✦✦✦✦✦

不安が大きいときは 大きめのストーンを

ストーンとの つき合い方

このストーンは、比較的どんなストーンともなじみやすく、組み合わせがしやすいので人気があります。不安な気持ちが大きいときは、大きめのものをアクセサリーにして持ち歩くのもいいでしょう。

組み合わせ NGストーン
ありません

どんなストーンとも
組み合わせ可能です。

✳ こんなときに

スモーキークオーツを欲するとき、あなたは自分の可能性に気がつく前の段階で、不安に駆られているのかもしれません。大切なのは、あなたしかできないことに気がつき、それに磨きをかけることです。

✳ このストーンの特徴

別名「茶水晶」ともいわれ、薄いブラウンのとても美しいストーンです。とても扱いやすいストーンで、水・塩でのお手入れができます。ただ、直射日光に弱いので、長時間当てないように気をつけてください。比較的手に入りやすく、ベーシックなストーンと言えます。

✳ ストーンの効果

スモーキークオーツは、気持ちの中にできてしまった、邪念を払う意味もあります。これが不安感などのネガティブな気持ちです。また、グラウンディングの意味も強く、しっかり落ち着いた考え方ができるようにサポートします。

✳ アイオライト

自分らしく
いられます

パワー	◆◆◆◆
現実化	◆◆◆◆◆
成功	◆◆◆◆◆

「ビジョンの石」ともいわれ、自分の思いを達成するサポートをしてくれます。持ち主にいちばんいい状態を思い出させ、挫折や苦労を成功へと導いてくれるストーンでもあります。

組み合わせると

「自分らしく」というのがぴったりな組み合わせで、しっかりした目的を持ち、それに向かって集中して物事を進めていくことができます。

✳ アマゾナイト

現実化に優れ
未来が開けます

パワー	◆◆◆◆
現実化	◆◆◆◆◆
自信回復	◆◆◆◆◆

うまくいかず自信をなくしてしまった、周りと比べて私はダメだと感じている、そんなとき、アマゾナイトはあなたに自信を取り戻させてくれます。まずは、落ち着いて、できることからやってみましょう。

組み合わせると

どちらも現実化に優れたストーンです。やりたいと思ったことを妨げているのは、あなたの気持ち。誰かのせいだと言い訳せずに、実際にできることから始めてみるといいでしょう。

✳ カーネリアン

新しい世界が
開けます

パワー	◆◆◆◆◆
恋愛・引き寄せ	◆◆◆◆◆
行動力	◆◆◆◆◆

No.3 の守護石

とても元気な行動力にあふれたストーンです。見ているだけでも楽しくなるようなオレンジ色で、原動力を与えてくれます。

組み合わせると

気持ちと行動、どちらからもサポートしてくれる組み合わせなので、不安が強くて、なかなか先に進めないときに、やる気を起こさせてくれます。自分が得意なことで思いきって行動してみると、新しい世界が開けてきます。

✳ ラブラドライト

持っている力を
最大限発揮

パワー	◆◆◆◆◆
現実化	◆◆◆◆◆
粘り強さ	◆◆◆◆◆

No.11 の守護石

このストーンのグレーの色は大地を意味し、ときおり光るブルーは奇跡的な力を意味します。今まではできないと思い込んでいたことも、きちんと向き合うことによって未来が開けます。

組み合わせると

グラウンディングの代表的なストーンの組み合わせです。持っている力を最大限発揮し、あなたがいちばん輝くステージをつくり上げてくれます。

セラフィナイト

疲れてしまった脳を休め、休息を与えます

斜緑泥石●しゃりょくでいせき

ストーンのパワーと効果

パワー	◆◆◆
癒やし	◆◆◆◆◆
休息	◆◆◆◆◆

ストーンとのつき合い方

エネルギーが強いストーンとは別にして

とてもエネルギーが繊細なストーンです。セラフィナイトの繊細さが引っ込んでしまいますので、主張が強いストーンは同じアクセサリーに入れないように注意が必要です。

組み合わせNGストーン

サンストーン　ルチルクオーツ

✳ こんなときに

セラフィナイトを欲するとき、あなたは落ち着きたい、平和に暮らしたいという気持ちが高まっているようです。また、少しお休みが必要なときでもあります。

✳ このストーンの特徴

セラフィナイトは、グリーンのマーブル模様が広がる、とても美しいストーンです。硬度はかなり低く、柔らかいストーンと言えます。水・塩での浄化ができないため、ほかの浄化方法を選ぶ必要があります（p.173参照）。また、自浄作用が弱いので、こまめな浄化＆パワーチャージを心がけてください。

✳ ストーンの効果

持ち主に安心感や癒やしを与えてくれるストーンです。働きすぎてしまった脳を休め、つかの間の休息を与えてくれます。

※ アベンチュリン

癒やしモード
全開です

パワー	◆◆◆
ヒーリング	◆◆◆◆
心の安定	◆◆◆◆

まるで森林浴をしているような印象を受ける、とてもヒーリング効果の高いストーンです。リラックス効果が抜群で、気持ちの安定や疲労回復にも役立ちます。

組み合わせると

とても穏やかな組み合わせで、2つのストーンのグリーンが共鳴し、癒やしのパワーを発揮します。オフモードのときの装着をオススメします。

※ アメシスト

不眠症で悩む方に
オススメです

パワー	◆◆◆◆
人間関係	◆◆◆◆
心の安定	◆◆◆◆◆

No.2 の守護石

心の平和を取り戻すことのできるストーンです。特に不安な気持ちが強いときに、それを静めてゆったりした気持ちになることができます。不眠症の克服にも大変効果的です。

組み合わせると

特に不眠症に悩む人にオススメの組み合わせです。また、身体の状態をきちんと把握でき、いい状態をキープしてくれます。

※ スモーキークオーツ

不安感を
解消に導きます

パワー	◆◆◆◆
現実化	◆◆◆◆◆
不安解消	◆◆◆◆◆

No.4 の守護石

今ある不安感を解消し、まだ眠っている、潜在的な力を引き出してくれます。これは行動することで導き出され、「私は必要とされているんだ」という自信につながります。

組み合わせると

不安を解消し、精神状態を安定させ、穏やかな気持ちを取り戻すことができます。

※ ムーンストーン

ゆっくりと
睡眠がとれます

パワー	◆◆◆◆
人間関係	◆◆◆◆◆
恋愛	◆◆◆◆◆

恋人同士のストーンともいわれ、穏やかな波動でカップルの絆を深めていきます。キーワードは、寄り添うこと。常にパートナーを思いやり、サポートする勇気を与えてくれます。

組み合わせると

組み合わせることで、月をイメージする安眠効果が得られます。ゆっくりした時間を過ごせるようにサポートします。

Sodalite

ソーダライト

一歩進みたいときに、勇気を与えてくれます

方ソーダ石●ほうそーだせき

ストーンのパワーと効果

パワー	◆◆◆
現実化	◆◆◆◆◆
勇気	◆◆◆◆◆

ストーンとのつき合い方

気持ちの切り替えをしながら

ソーダライトは、持ち主のエネルギーが下がると、表面がカサカサした状態になり、前向きな状態で着けると共鳴し、どんどん輝きを増してきます。気持ちの切り替えをしながら着けるといいでしょう。

組み合わせNGストーン ありません

どんなストーンとも組み合わせ可能です。

☀ こんなときに

ソーダライトを欲するとき、あなたは自分に言い訳をしてしまうなど、なかなか前に進めないときだと言えます。そんなとき、勇気を持って前に進むサポートをしてくれます。

☀ このストーンの特徴

ソーダライトは、ブルーの不透明なストーンで、見た目はラピスラズリにも似ています。そのため、ラピスラズリと誤って販売しているショップが多いので、注意してください。水に弱いので、長時間水につけることのないように気をつけてください。また、塩分にもあまり強くはありませんので、ほかの浄化方法を選ぶ必要があります（p.173 参照）。

☀ ストーンの効果

意識や感情に働きかけてくれるストーンです。なかなか前に進めないときに特にオススメで、勇気を持って新しいことにチャレンジしていけるようにサポートしてくれます。

✳ カイヤナイト

決めたことを
やり抜く強さを
もたらします

パワー	✦✦✦✦✦
現実化	✦✦✦✦
問題解決	✦✦✦✦

現在直面している問題点を、解決に導くストーンです。霊的エネルギーを整理し、流されることなく、自分自身と向き合うことができるように導きます。

✚ 組み合わせると

感情面と現実面から、持ち主の変化をサポートしてくれる組み合わせです。また、継続していくエネルギーをもらえるので、決心したことをやり抜く強さを育てます。

✳ スモーキークオーツ

心を強くし
夢の実現を
サポートします

パワー	✦✦✦✦
現実化	✦✦✦✦✦
不安解消	✦✦✦✦✦

No.4の守護石

今ある不安感を解消し、まだ眠っている、潜在的な力を引き出してくれます。これは行動することで導き出され、「私は必要とされているんだ」という自信につながります。

✚ 組み合わせると

現実化をサポートする組み合わせです。心を強くして、自分の才能を伸ばし、夢を実現させてくれます。

❖ 組み合わせ ❖

✳ ラピスラズリ

強い気持ちを
育てます

パワー	✦✦✦✦✦
厄除け	✦✦✦✦✦
開運	✦✦✦✦✦

お守りとしての効果が高いストーンです。特に、霊的なものや、目に見えないエネルギーから身を守り、大きく流れを変えていきます。

✚ 組み合わせると

猜疑心（さいぎ）をなくし、意志の弱さを克服するための組み合わせです。現実を動かし、強い気持ちを育てます。

✳ ラブラドライト

粘り強い
行動力を
引き出します

パワー	✦✦✦✦✦
現実化	✦✦✦✦✦
粘り強さ	✦✦✦✦✦

No.11の守護石

このストーンのグレーの色は大地を意味し、ときおり光るブルーは奇跡的な力を意味します。今まではできないと思い込んでいたことも、きちんと向き合うことによって未来が開けます。

✚ 組み合わせると

目標を現実化するための、勇気とエネルギーを与えてくれます。粘り強い行動力をサポートします。

ターコイズ

感情のコントロールをしっかりできるようになります

トルコ石●とるこいし

ストーンのパワーと効果

パワー	✦ ✦ ✦ ✦ ✦
厄除け	✦ ✦ ✦ ✦ ✦
交通安全	✦ ✦ ✦ ✦

ストーンとのつき合い方

大切な人へのプレゼントに

旅のお守り、幸運のお守りとしても知られています。ターコイズは、人からもらうことに意味があり、プレゼントした人の気持ちがストーンにのって、相手を幸せに導くことができます。

 組み合わせNGストーン

ありません

どんなストーンとも組み合わせ可能です。

✳ こんなときに

ターコイズを欲するとき、あなたは少し感情的になっていて、周りが見えなくなっているかもしれません。そんなとき、しっかり周りを見通し、落ち着いた行動をできるようにサポートしてくれます。

✳ このストーンの特徴

ターコイズは、トルコ石ともいわれ、ネイティブアメリカンにお守りとして愛されてきた、とても人気のあるストーンです。12月の誕生石としても知られています。水に長くつけておくこと、塩の上に置くことは厳禁ですので、ほかの浄化方法を選ぶ必要があります（p.173 参照）。また、天然のターコイズはとても高価で、グレードの高いきれいなものは、なかなか手に入れることが難しくなってきています。

✳ ストーンの効果

このストーンは、持ち主に冷静さを与えてくれます。一時的な感情の乱れを修復し、より良い方向へと持ち主をサポートします。また、今ある場所から離れることへのサポートが強いため、旅のお守りとしても効果的です。

※ アマゾナイト

チャンスを
呼び込みます

パワー	◆◆◆◆
現実化	◆◆◆◆◆
自信回復	◆◆◆◆◆

うまくいかず自信をなくしてしまった、周りと
比べて私はダメだと感じている、そんなとき、
アマゾナイトはあなたに自信を取り戻させて
くれます。まずは、落ち着いて、できること
からやってみましょう。

✛ 組み合わせると

心を安定させて、以前の落ち着いた自分へと
戻してくれます。どうしても気持ちがめいって
しまったときなどにも、オススメの組み合わ
せです。

※ アメシスト

心の安定を
取り戻します

パワー	◆◆◆◆
人間関係	◆◆◆◆◆
心の安定	◆◆◆◆◆

No.2の守護石

心の平和を取り戻すことのできるストーンで
す。特に不安な気持ちが強いときに、それを
静めてゆったりした気持ちになることができ
ます。不眠症の克服にも大変効果的です。

✛ 組み合わせると

どちらも、心の安定を取り戻すためのストー
ンで、心の邪念を払い、自分らしさを取り戻
してくれます。

❧ 組み合わせ ❧

※ シーブルーカルセドニー

心が
楽になります

パワー	◆◆◆
人間関係	◆◆◆◆◆
穏やかさ	◆◆◆◆◆

鮮やかなブルーのカルセドニーです。海のよ
うなシーブルーのカラーは、見ているだけで
気持ちの安定がもたらされ、明るく元気な気
分になることができます。全体的にツルンと
したガラス質のストーンです。

✛ 組み合わせると

どちらも、鮮やかなブルーで、見ているだけ
で心が澄み渡るような気分になります。気持
ちが落ち込んだとき、スーッと心が楽になり、
元気を取り戻すことができます。

※ ラピスラズリ

交通安全の
お守りとしても
オススメ

パワー	◆◆◆◆◆
厄除け	◆◆◆◆◆
開運	◆◆◆◆◆

お守りとしての効果が高いストーンです。特
に、霊的なものや、目に見えないエネルギー
から身を守り、大きく流れを変えていきます。

✛ 組み合わせると

どちらもお守り効果の高いストーンです。交
通安全のお守りとしても効果的です。ネガティ
ブなエネルギーを解消する効果もありま
す。

タイガーアイ

チャンスを引き寄せ、大きな成果を上げます

虎目石 ●とらめいし

ストーンのパワーと効果

パワー	✦✦✦✦✦
金運	✦✦✦✦✦
仕事	✦✦✦✦✦

**ストーンとの
つき合い方**

ストラップなどの
小物もオススメです

タイガーアイはとてもエネルギーが高く、初心者には着けにくいストーンとも言えます。その場合、少しずつ量を増やしたり、大きくしたりしてお使いください。ストラップや根付などの小物として持つのもオススメです。

**組み合わせ
NGストーン**　ありません

どんなストーンとも
組み合わせ可能です。

✳ こんなときに

タイガーアイを欲するとき、あなたは人生における転機のときで、大きなチャンスが訪れる前触れです。洞察力を高めるので、何が自分にとって必要で、何が必要でないか、瞬時にわかるようになります。

✳ このストーンの特徴

和名「虎目石」ともいわれ、ブラウンにイエローの目が入った美しいストーンです。とても扱いやすいストーンで、水・日光でのお手入れができます。ただ、塩分には弱いので、塩の上に長時間置かないように気をつけてください。比較的手に入りやすく、ベーシックな上に、効果が実感しやすいので、とても人気があります。

✳ ストーンの効果

「変わりたい」というあなたの思いを現実化してくれるストーンです。ラッキーな事柄だけではなく、着実に変わるための精神力を養うために、気持ちの強さもサポートします。冷静に物事を見る力、決断力を与えてくれます。

✳ ガーネット

ここぞというときの
お守りです

パワー	✦✦✦✦
勝負運	✦✦✦✦✦
復縁	✦✦✦✦

No.8 の守護石

エネルギーを活性化し、勝負運を高めるストーンです。努力を成功に導いてくれるストーンでもあります。「こんなに頑張ってきたんだから大丈夫」と語りかけてくれるようです。

✛ 組み合わせると

勝負運が高まるガーネットとの組み合わせは、ここぞというときのお守りです。試験や試合の前や、大切な商談の前、また戦わなくてはいけない状況になったとき、力強くサポートしてくれます。

✳ サンストーン

信頼される人に
なります

パワー	✦✦✦✦
目標達成	✦✦✦✦
リーダーシップ	✦✦✦✦

男性の象徴的エネルギーとも言える、リーダーシップや決断力を生み出すストーンです。どんなこともあきらめず、先に進んでいく勇気と行動力にあふれています。

✛ 組み合わせると

人の上に立つ仕事の方、リーダーシップを発揮したい方にオススメの組み合わせです。決断力を高めて、信頼される人となることをサポートします。

組み合わせ

✳ スモーキークオーツ

チャンスを
現実化します

パワー	✦✦✦✦
現実化	✦✦✦✦✦
不安解消	✦✦✦✦✦

No.4 の守護石

今ある不安感を解消し、まだ眠っている、潜在的な力を引き出してくれます。これは行動することで導き出され、「私は必要とされているんだ」という自信につながります。

✛ 組み合わせると

あなたのもとに訪れたチャンスを、最大限に現実化してくれる組み合わせです。頑張りをサポートしてくれますので、安心して行動してみてください。

✳ ルチルクオーツ

仕事運アップに
オススメです

パワー	✦✦✦✦
金運	✦✦✦✦✦
エナジー	✦✦✦✦✦

No.5 の守護石

ゴールドの針が入ったクオーツのことです。キラキラ輝くことから金運アップのストーンとしても人気があります。金運の中でも、「チャンス到来」の意味が強く出ます。

✛ 組み合わせると

仕事運アップに最適な組み合わせです。特に営業的な仕事などで、どんどん前へ進み、切り開いていくサポートをしてくれます。大きく変化したいときにオススメです。

チベットアゲート

強い厄除け効果で持ち主を守ります

天眼石●てんがんせき　瑪瑙●めのう

ストーンのパワーと効果

パワー	✦✦✦✦✧
厄除け	✦✦✦✦✧
洞察力	✦✦✦✦✧

✳ こんなときに

チベットアゲートを欲するとき、あなたは周りのエネルギーに過敏になっているときかもしれません。霊的、環境、人とのつながりにおいて、持ち主を守り、サポートします。

✳ このストーンの特徴

チベットアゲートは、和名を「天眼石」ともいい、ブラック地にまるで目のような模様が見られるアゲート(瑪瑙)のことです。とても硬度が高く、丈夫で取り扱いやすいストーンですが、塩分に弱いのでお手入れ時には注意してください。

✳ ストーンの効果

このストーンは、厄除けに適したパワーストーンです。特に目が入ったストーンは、周りのことを見通す力をサポートし、自分ではわからない障害を見抜き、過ごしやすく整えてくれます。

ストーンとのつき合い方

組み合わせに注意して

非常に強い厄除け効果があるため、組み合わせを間違えると、ストーン同士の共鳴を壊してしまうこともあります。NGストーンは、同じアクセサリーに入れないように注意してください。

組み合わせNGストーン

アクアマリン
アラゴナイト
エンジェライト
オレンジムーンストーン

クンツァイト
ピンクオパール
ブルートパーズ
ムーンストーン
モルガナイト
ラリマー
ロードクロサイト
ロードナイト

※ アメシスト

周りの人を
理解できるように
なります

パワー	✦✦✦✦
人間関係	✦✦✦✦✦
心の安定	✦✦✦✦✦

No.2 の守護石

心の平和を取り戻すことのできるストーンです。特に不安な気持ちが強いときに、それを静めてゆったりした気持ちになることができます。不眠症の克服にも大変効果的です。

✛ 組み合わせると

周りの人が何を考えているのか理解できるようになり、対人関係で苦労することが少なくなるでしょう。

※ オニキス

とにかく
守られたいときに
オススメです

パワー	✦✦✦✦✦
厄除け	✦✦✦✦✦
集中力	✦✦✦✦✦

No.7 の守護石

最強の厄除けのストーンです。悪い出来事をはじき飛ばし、持ち主を守ります。集中力をアップしたいときにもオススメです。

✛ 組み合わせると

どちらも、厄除けのストーンで、組み合わせることでさらに強くなります。どうしても、自分を守りたいときや、流れを変えたいときにオススメです。

❖ 組み合わせ ❖

※ スモーキークオーツ

流されやすいときに
オススメです

パワー	✦✦✦✦
現実化	✦✦✦✦✦
不安解消	✦✦✦✦✦

No.4 の守護石

今ある不安感を解消し、まだ眠っている、潜在的な力を引き出してくれます。これは行動することで導き出され、「私は必要とされているんだ」という自信につながります。

✛ 組み合わせると

周りの人との感情を区別したいときにオススメの組み合わせです。どうしても流されやすかったり、言いたいことが言えなかったりする人にもオススメです。

※ ラピスラズリ

現実社会との
調和を
生み出します

パワー	✦✦✦✦✦
厄除け	✦✦✦✦✦
開運	✦✦✦✦✦

お守りとしての効果が高いストーンです。特に、霊的なものや、目に見えないエネルギーから身を守り、大きく流れを変えていきます。

✛ 組み合わせると

サイキックパワーが強すぎたり、生活しづらいと感じたりしたときにオススメの組み合わせです。現実社会にうまく溶け込むことができるようになります。

チャロアイト

恐れや不安感を解消に導きます

チャロ石●ちゃろせき

ストーンのパワーと効果

パワー	✦✦✦✦✦
ヒーリング	✦✦✦✦✦
不安解消	✦✦✦✦✦

ストーンとのつき合い方

カラーの変化を観察して

チャロアイトは、色の変化が激しく、着けていても元気がなくなるとグレーがかった色合いに変わってきます。マイナスのエネルギーを吸収していくので、ストーンのお手入れをまめに行ってください。

組み合わせNGストーン

カーネリアン　サードオニキス

✳ こんなときに

チャロアイトを欲するとき、あなたは恐怖感にさいなまれているのかもしれません。それは、肉体というよりは精神面での恐怖感で、そのほとんどが自分でつくり出してしまった不安と言えます。その不安感を取り除く癒やしのパワーにあふれるストーンです。

✳ このストーンの特徴

パープルのマーブル模様がきれいな、三大ヒーリングストーンの１つで、最も効果を実感しやすく、エネルギーの高いストーンと言えます。また、取り扱いやすく、手に入りやすいストーンです。塩分を嫌いますので、塩の上に長時間置かないようにしてください。

✳ ストーンの効果

このストーンは、自分でつくり出してしまった恐怖感を解放するのに役立ちます。また、今までの迷いを断ち切っていくような剣の役割を果たします。恐れの感情を根こそぎ取り除くような効果があります。

✳ アメシスト

心のサポートを
してくれます

パワー	◆◆◆◆
人間関係	◆◆◆◆◆
心の安定	◆◆◆◆

No.2 の守護石

心の平和を取り戻すことのできるストーンで
す。特に不安な気持ちが強いときに、それを
静めてゆったりした気持ちになることができ
ます。不眠症の克服にも大変効果的です。

組み合わせると

不安感や恐怖感を取り除く組み合わせです。
心のサポートをしてくれますので、安心して過
ごせるようになります。

✳ アンバー

身体の不調にも
効果的です

パワー	◆◆◆◆
金運	◆◆◆◆◆
チャンス	◆◆◆◆◆

まるで、呼吸をするかのように、マイナスエ
ネルギーを流し、緊張を解きほぐし、いざと
いうときに最大の力が発揮できるようにサポ
ートします。

組み合わせると

マイナスのエネルギーを解消し、恐れや不安
を解消へと導きます。特に身体の不調にも効
果的です。ただし、エネルギーの高い組み合
わせなので、短期的に身に着けたほうが良さ
そうです。

✦ 組み合わせ ✦

✳ スギライト

恐れの感情を
解消します

パワー	◆◆◆◆◆
ヒーリング	◆◆◆◆◆
安心感	◆◆◆◆◆

あなたがいちばん求める、安心できる場所、
心を許せる場所へと導いてくれます。マイナ
スオーラから身を守ったり、癒やしのパワー
を引き寄せたりと変幻自在ですが、「安心感」
というメッセージのもとサポートしてくれます。

組み合わせると

恐れの感情が強いとき、絶大な安心感を持っ
て行動することができるようにサポートしま
す。なかなか前に進めないときに、慰める気
持ちで身に着けてあげるといいでしょう。

✳ ラリマー

心身のエネルギーを
正常に戻します

パワー	◆◆◆◆◆
ヒーリング	◆◆◆◆◆
変容	◆◆◆◆◆

三大ヒーリングストーンの1つで、非常にヒー
リング効果に優れています。未来からのサポ
ートを多く受けることができますので、安心
感を得られます。

組み合わせると

どちらも三大ヒーリングストーンで、安心感
がもたらされる組み合わせです。心身のエネ
ルギーを正常に戻し、心と現実、どちらから
もサポートを受けられます。

ニュージェイド

傷ついた心を解かし、明日への希望を見いだします

中国翡翠●ちゅうごくひすい　軟翡翠●なんひすい

ストーンのパワーと効果	
パワー	◆◆◆
ヒーリング	◆◆◆◆◆
浄化	◆◆◆◆◆

※ こんなときに

ニュージェイドを欲するとき、あなたは傷つき、立ち直れないでいる状態かもしれません。そんなとき、傷ついた心を解かし、明日への希望を見いだすことができます。

※ このストーンの特徴

ニュージェイドは、「中国翡翠」とも呼ばれ、親しまれています。厳密には、翡翠ではなく、石英系のストーンです。比較的硬度が高く、割れにくい性質を持っています。水・塩・日光に強いので、お手入れがとても簡単です。

※ ストーンの効果

このストーンは、傷ついた心に希望の光を見いだしてくれるストーンです。エネルギーはとても前向きで、一度トラウマが解消されると、思いもよらない速さで、人生が展開し始めます。

ストーンとのつき合い方

自分の幸せを信じてみて

とても柔らかくすがすがしいエネルギーを持つパワーストーンです。見た目より変容のスピードは速く、癒やしと次のステップが一気にやってくるようなイメージです。何よりも自分の幸せを信じて着けてみてください。

組み合わせNGストーン ありません

どんなストーンとも組み合わせ可能です。

✳ クリソプレーズ

次のステップへと
展開します

パワー	◆◆◆◆
ヒーリング	◆◆◆◆◆
希望	◆◆◆◆◆

希望や光を見いだすためのサポートをくれる
ストーンです。気持ちが落ち込んだときに、
不安感を解消し、明日への希望を見いだすこ
とができます。また、精神的原因からくる体
調不良にも効果的です。

✛ 組み合わせると

とてもエネルギーが似ています。マイナス感
情を流し、次のステップへの展開が早くなり
ます。

✳ プレナイト

心の疲れを
取り除きます

パワー	◆◆◆◆
ヒーリング	◆◆◆◆◆
浄化	◆◆◆◆◆

まるでコラーゲンのようなツルンとした見た
目から、美容や健康をサポートするストーン
としても人気があります。リラクゼーション
効果が抜群です。

✛ 組み合わせると

見た目もとても似ていて、ストーン同士が素
晴らしく共鳴します。心の疲れを取り除いて
くれる組み合わせです。

❧ 組み合わせ ❧

✳ フローライト

すがすがしい
未来をつくります

パワー	◆◆◆◆
ヒーリング	◆◆◆◆◆
浄化	◆◆◆◆◆

透明感のあるフローライトは、見るだけで心
のホコリを取り除き、ネガティブなエネルギ
ーを流していきます。マイナスの気持ちを解
消し、心の中も透明にしていきます。

✛ 組み合わせると

傷ついた過去を取り除き、未来を創造するた
めの役割を担い、すがすがしい未来への道を
つくってくれます。

✳ マラカイト

浄化とヒーリングに
最適です

パワー	◆◆◆◆◆
厄除け	◆◆◆◆◆
ヒーリング	◆◆◆◆◆

ネガティブなエネルギーを吸収してくれる頼
もしいパワーストーンです。相手の感情にの
み込まれすぎず、自分をしっかり保つサポー
トをしてくれます。

✛ 組み合わせると

心にたまってしまった毒を抜き取り、気持ち
を穏やかに整えます。浄化とヒーリングが一
気にできる組み合わせです。

Pearl

パール

持ち主に愛と安らぎを与えてくれます

真珠●しんじゅ

ストーンのパワーと効果

パワー	◆◆◆
恋愛	◆◆◆◆◆
愛情	◆◆◆◆◆

**ストーンとの
つき合い方**

宝飾品として
身に着けても

宝飾品としてデザインされることが多く、持ち主をきらびやかに彩ります。また、どんなストーンとも組み合わせることができ、それぞれのストーンの良さを引き出してくれます。

**組み合わせ
NGストーン**　ありません

どんなストーンとも
組み合わせ可能です。

✳ こんなときに

パールを欲するとき、あなたは少し疲れていて、癒やしと安らぎを求めているときだと言えます。少しスピードを落として、ゆっくり過ごしてはいかがでしょうか。

✳ このストーンの特徴

パールの和名は「真珠」で、宝石として扱われるものです。厳密にはパワーストーンではありませんが、自然のエネルギーに満ちている天然石で6月の誕生石としても人気があります。パールは常に守られた場所で育つため、繊細で外的要因に左右されやすく、そのため、表面も傷つきやすいので、丁寧に取り扱ってください。また、水・塩・日光どれも苦手なので、ほかの浄化方法を選ぶ必要があります（p.173 参照）。お手入れには十分気をつけてください。

✳ ストーンの効果

このストーンは、母に守られた子どものように純粋で素直な気持ちを育てます。特に、幼少時のトラウマを解消し、新たな人生を歩むお手伝いもしてくれます。

✳ アクアマリン

結婚運を
高めます

パワー	◆◆◆
恋愛	◆◆◆◆◆
結婚	◆◆◆◆◆

No.9 の守護石

パートナーとのつながりを強めて、結婚に導くストーンです。家族の絆を深めて、家庭を円満にサポートします。また、物事をじっくり確実に進めるときに最適です。

組み合わせると

結婚運を高める組み合わせです。素直になり、お互いを許し受け入れることができるようにサポートしてくれます。

✳ クリスタルクオーツ

現状に癒やしが
もたらされます

パワー	◆◆◆◆
浄化	◆◆◆◆◆
開運	◆◆◆◆◆

クリスタルクオーツほど、万能なストーンはないと言えるでしょう。基本的には、浄化・開運を意味するストーンで、持ち主をすっきり整え、勇気ある行動をサポートしてくれます。

組み合わせると

どちらも引き立て役になるようなストーンですが、組み合わせることによって、お互いの長所が引き出され、現状に癒やしがもたらされます。

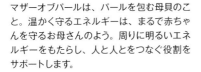

✳ マザーオブパール

親子の絆を
深めます

パワー	◆◆◆
ヒーリング	◆◆◆◆◆
母性	◆◆◆◆◆

マザーオブパールは、パールを包む母貝のこと。温かく守るエネルギーは、まるで赤ちゃんを守るお母さんのよう。周りに明るいエネルギーをもたらし、人と人とをつなぐ役割をサポートします。

組み合わせると

まさしく母と子の役割をサポートする組み合わせです。親子関係の絆を深め、理解力を深めてくれます。

✳ ローズクオーツ

恋愛時の
心の支えになります

パワー	◆◆◆◆
恋愛	◆◆◆◆◆
ヒーリング	◆◆◆◆◆

愛情の象徴としても知られる、とても人気のあるストーンです。持つ人の魅力を引き出し、幸せをサポートします。また、パートナーへの愛を育て、思いやりの気持ちを高めます。

組み合わせると

傷ついた心を癒やし、素直になることができるようにサポートする組み合わせです。失恋時の心の支えにもなってくれます。

Pyrite

パイライト

厄除けと金運アップに優れています

黄鉄鉱 ●おうてっこう

ストーンのパワーと効果

パワー	✦✦✦✦✦
エナジー	✦✦✦✦✦
浄化	✦✦✦✦✦

**ストーンとの
つき合い方**

**一家に1つ
守り石として**

パイライトは、とてもエネルギーが強く、背中を押してくれるようなストーンです。ブレスレットの中に入れるのももちろんいいのですが、原石タイプを自宅の守り石としても効果抜群です。

**組み合わせ
NGストーン**

ありません

どんなストーンとも組み合わせ可能です。

❋ こんなときに

パイライトを欲するとき、あなたは運気が悪い、またはなかなかうまくいかないと感じているかもしれません。それは周りに左右されすぎているのが原因の1つのようです。

❋ このストーンの特徴

和名を「黄鉄鉱」といい、まるで金塊のようにも見えるとてもきらびやかなストーンです。比重が重く、ずっしりとした印象を受けます。ラピスラズリやアズライトの組成の一部でもあり、それぞれのストーンの中でゴールドに輝きます。流水に当てる程度は大丈夫ですが、長時間水につけておくことのないように気をつけてください。また、塩分にもあまり強くありませんので、ほかの浄化方法を選ぶ必要があります(p.173 参照)。

❋ ストーンの効果

このストーンは、とても強いエネルギーを持っています。それは、今のバイオリズムを大きく変容させてしまうほどです。特に、厄除け効果が高く、周りに左右されやすい人は、自分のエネルギーにしっかり軸をつくることができます。

※ アズライト

サイキックパワーを
調整します

パワー	✦✦✦✦✦
厄除け	✦✦✦✦✦
調整	✦✦✦✦✦

霊的なエネルギーを調整するストーンとして
も知られ、一部のプロのヒーラーや、宗教家
などが好むストーンです。

組み合わせると

パイライトは、アズライトの組成の一部なの
で、とても仲良しです。サイキックパワーの調
整をしたいときに、効果を高めてくれます。

※ タイガーアイ

着実に
好転させます

パワー	✦✦✦✦✦
金運	✦✦✦✦✦
仕事	✦✦✦✦✦

No.1 の守護石

仕事運や金運が上がるストーンとしても人気
のパワーストーンです。変化をいち早く察知
する洞察力を養い、チャンスをつかむ行動力
を与えてくれます。

組み合わせると

チャンスをつかむオススメの組み合わせです。
どっしりとしたパイライトのエネルギーが落
ち着きを与え、着実に好転していきます。

組み合わせ

※ ラピスラズリ

お守り効果が
抜群です

パワー	✦✦✦✦✦
厄除け	✦✦✦✦✦
開運	✦✦✦✦✦

お守りとしての効果が高いストーンです。特
に、霊的なものや、目に見えないエネルギー
から身を守り、大きく流れを変えていきます。

組み合わせると

パイライトは、ラピスラズリの組成の一部で、
とても仲良しです。特にお守りの効果を高め
たいときに組み合わせてみてください。

※ ルチルクオーツ

金運アップ
したいときに
オススメです

パワー	✦✦✦✦✦
金運	✦✦✦✦✦
エナジー	✦✦✦✦✦

No.5 の守護石

ゴールドの針が入ったクオーツのことです。
キラキラ輝くことから金運アップのストーンと
しても人気があります。金運の中でも、「チャ
ンス到来」の意味が強く出ます。

組み合わせると

金運アップしたいときにオススメの組み合わ
せです。ゴールドに輝く2つのストーンが、あ
らゆる運を引き寄せていきます。

ハウライト

依存心を取り除き、自立を促します

ハウ石●はうせき

ストーンのパワーと効果

パワー	✦✦✦✦
エナジー	✦✦✦✦✦
浄化	✦✦✦✦✦

ストーンとのつき合い方

自分自身を映す鏡のような存在に

ハウライトは、自分自身を映す鏡のような存在で、「徳」を積んでいるときはいいのですが、依存心が高いときは、それを知らせる出来事を引き起こします。もし着け始めて該当することがあれば、そのときから気持ちを入れ替えて行動してみてください。

組み合わせNGストーン

ありません

どんなストーンとも組み合わせ可能です。

✳ こんなときに

ハウライトを欲するとき、あなたは周りに少し依存してしまっているようです。自分を取り戻し、自分の力で考え行動できるようにサポートします。

✳ このストーンの特徴

ハウライトは、白い陶器のような不思議な魅力を持つパワーストーンです。極端に水を嫌いますので、注意が必要です。また、日光・塩分も嫌いますので、取り扱いは慎重に行いましょう。硬度が低いため、落としたりぶつけたりすると割れてしまいますので、気をつけてください。エネルギーを保つためには、頻繁な浄化とパワーチャージ（p.172 参照）が必要になります。

✳ ストーンの効果

このストーンは、ヒーリングの効果も高く、持ち主に癒やしのエネルギーを与えます。特に、安定感は抜群で、モヤモヤした気持ちを取り払い、安心できるように導きます。

✳ オニキス

心の葛藤を
取り除きます

パワー	✦ ✦ ✦ ✦ ✦
厄除け	✦ ✦ ✦ ✦ ✦
集中力	✦ ✦ ✦ ✦ ✦

No.7 の守護石

最強の厄除けのストーンです。悪い出来事を
はじき飛ばし、持ち主を守ります。集中力を
アップしたいときにもオススメです。

➕ 組み合わせると

自分の心と葛藤してしまっているとき、素直
になれないときに、しっかり内省して心を取
り戻します。

✳ カルセドニー

滞った感情を
浄化します

パワー	✦ ✦ ✦
人間関係	✦ ✦ ✦ ✦ ✦
結びつき	✦ ✦ ✦ ✦ ✦

とても穏やかなエネルギーを持つストーンで、
人と人との縁をつなぐ役割を果たします。ま
た、人間関係で疲れてしまった気持ちを、穏
やかに整えてくれます。

➕ 組み合わせると

滞った感情を流し、すっきりと整えます。また、
周りの人への非難の気持ちを抑えて、穏やか
さを取り戻すことができます。

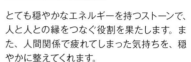

組み合わせ

✳ クリスタルクオーツ

心を
復活させます

パワー	✦ ✦ ✦ ✦
浄化	✦ ✦ ✦ ✦ ✦
開運	✦ ✦ ✦ ✦ ✦

クリスタルクオーツほど、万能なストーンは
ないと言えるでしょう。基本的には、浄化・
開運を意味するストーンで、持ち主をすっき
り整え、勇気ある行動をサポートしてくれま
す。

➕ 組み合わせると

ハウライトの中にたまってしまった持ち主の
エネルギーを浄化し、復活させてくれます。
常に近くに入れることで、ハウライトのエネ
ルギーが引き立ちます。

✳ スモーキークオーツ

自分を
取り戻します

パワー	✦ ✦ ✦ ✦
現実化	✦ ✦ ✦ ✦ ✦
不安解消	✦ ✦ ✦ ✦ ✦

No.4 の守護石

今ある不安感を解消し、まだ眠っている、潜
在的な力を引き出してくれます。これは行動
することで導き出され、「私は必要とされて
いるんだ」という自信につながります。

➕ 組み合わせると

現状に不満を抱いていたり、深く考えすぎて
自信がなくなってしまったときに、自分を取
り戻すためのサポートをする組み合わせで
す。

Pink Opal

ピンクオパール

新しい出会いをもたらし、人生が動き出します

蛋白石●たんぱくせき

ストーンのパワーと効果

パワー	✦✦✦✦✦
恋愛	✦✦✦✦✦
新しい出会い	✦✦✦✦✦

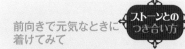

ストーンとのつき合い方

前向きで元気なときに着けてみて

ピンクオパールは、引き寄せ効果の強いストーンなので、前向きで元気なときに着けたほうが効果的です。逆に、気持ちが落ち込んでいるときには、少し刺激が強すぎるようです。特に女性にオススメのストーンです。

組み合わせNGストーン

チベットアゲート

オニキス

ブルータイガーアイ

✳ こんなときに

ピンクオパールを欲するとき、あなたは毎日が楽しく、次に何が起こるのかワクワクしている状態です。そして、男性はそれに引き寄せられ興味を持ちます。新しい出会いと、さらなる展開へと導くストーンです。

✳ このストーンの特徴

ピンクオパールはオパールの一種で、虹のように輝く遊色効果を持たない、薄いピンクのストーンです。薄いピンクがとてもかわいらしく人気があります。非常に柔らかく傷つきやすいので、取り扱いには注意が必要です。塩分と日光を嫌いますので、お手入れの際は気をつけるようにしてください。

✳ ストーンの効果

別名「キューピッドストーン」とも呼ばれ、とにかく明るいエネルギーで、周りの人を引き寄せ魅了するストーンです。それによって、新しい出会いをもたらし、さらに人生が楽しくなっていきます。

✳ ブルーレースアゲート

ソウルメイトを
引き寄せます

パワー	✦✦✦✦
人間関係	✦✦✦✦✦
出会い	✦✦✦✦✦

No.6 の守護石

フレンドリーストーンともいわれ、ソウルメイトを引き寄せるとされています。会った瞬間から、気持ちが通じ、ずっと一緒にいたかのような安心感が得られる出会いをもたらしてくれます。

✛ 組み合わせると

どちらも、パートナーを引き寄せるストーンですが、組み合わせることによって、ソウルメイトを引き寄せる、最高の組み合わせとなります。

✳ レッドルチルクオーツ

情熱的な
恋をサポートします

パワー	✦✦✦✦✦
エナジー	✦✦✦✦✦
子宝	✦✦✦✦✦

赤い針の入ったルチルクオーツのことで、エネルギーを活性化し、特にエナジー系のストーンとの相性が良く、一緒に着けることで、さらにエネルギーが大きくなります。

✛ 組み合わせると

とても情熱的な組み合わせです。一目ぼれや、燃え上がる恋愛をしたい人にオススメです。ただし、ちょっと飽きっぽくなってしまう組み合わせでもあるので、パートナーができたら落ち着いたストーンにチェンジしたほうが良さそうです。

❖ 組み合わせ

✳ ローズクオーツ

純粋な恋愛を
サポートします

パワー	✦✦✦✦
恋愛	✦✦✦✦✦
ヒーリング	✦✦✦✦✦

愛情の象徴としても知られる、とても人気のあるストーンです。持つ人の魅力を引き出し、幸せをサポートします。また、パートナーへの愛を育て、思いやりの気持ちを高めます。

✛ 組み合わせると

とても穏やかな女性らしい組み合わせです。あなたの優しさが相手に伝わり、自然に魅了されます。また、とても純粋な恋愛ができるでしょう。

✳ ロードクロサイト

新しい出会いに
恵まれます

パワー	✦✦✦✦✦
恋愛	✦✦✦✦✦
引き寄せ	✦✦✦✦✦

恋愛・引き寄せの代表的なストーンです。見た目もとても華やかで、身に着ける人を情熱的に妖艶に彩ります。楽しい毎日をサポートするストーンでもあり、感情がとても豊かになります。

✛ 組み合わせると

引き寄せ効果の強い、最高の組み合わせです。新しい出会いが欲しい、刺激が欲しいと思っているときには、とても効果的です。

Black Spinel

ブラックスピネル

活力を見いだし、エネルギーあふれる毎日を

黒尖晶石●くろせんしょうせき

ストーンのパワーと効果

パワー	◆◆◆◆◆
エナジー	◆◆◆◆◆
浄化	◆◆◆◆

ストーンとのつき合い方

さまざまな効果があります

このストーンを着ける場所によって、意味合いが異なります。右手に着ける場合は浄化の意味合いが、左手や首元に着ける場合は、厄除けや金運アップになります。

組み合わせNGストーン　ありません

どんなストーンとも組み合わせ可能です。

✳ こんなときに

ブラックスピネルを欲するとき、あなたは大きな変化を望んでいるのかもしれません。また、強い気持ちを持ち合わせているときで、活力があふれてきます。

✳ このストーンの特徴

ブラックスピネルは、漆黒でキラキラ輝く、とても美しいパワーストーンです。ほかのブラックカラーのストーンとは、比べものにならないほど輝きます。ブラックのほかには、レッド、ピンク、パープル、ブルー、グリーンと、さまざまなカラーが存在します。ブラックスピネルは、その中でもいちばんメジャーで入手しやすく、美しくクールな印象でとても人気があります。硬度も高く、水や日光にも強いので、お手入れが簡単です。

✳ ストーンの効果

このストーンは、着けた人のエネルギーを増大させ、活気あふれる毎日をサポートします。ストーンの効果は多岐にわたり、浄化・厄除け・ヒーリングなどにも、力を発揮します。

✳ タイガーアイ

チャンスを
つかむサポートが
あります

パワー	✦✦✦✦✦
金運	✦✦✦✦✦
仕事	✦✦✦✦✦

No.1 の守護石

仕事運や金運が上がるストーンとしても人気
のパワーストーンです。変化をいち早く察知
する洞察力を養い、チャンスをつかむ行動力
を与えてくれます。

✚ 組み合わせると

チャンスをつかむための組み合わせです。自
分に必要なものを引き寄せ、大きく現実が変
化します。

✳ チャロアイト

過去の自分を
克服できます

パワー	✦✦✦✦✦
ヒーリング	✦✦✦✦✦
不安解消	✦✦✦✦✦

三大ヒーリングストーンの1つで、精神的な
癒やしをサポートするストーンです。恐れや
心の弱さを克服し、迷いを断ち切って道を切
り開いていきます。

✚ 組み合わせると

過去の自分から脱却し、大きく変化するため
のサポートを与えてくれます。今できることを
精一杯するための組み合わせです。

❖ 組み合わせ ❖

✳ ラピスラズリ

大きな変化の
兆しがあります

パワー	✦✦✦✦✦
厄除け	✦✦✦✦✦
開運	✦✦✦✦✦

お守りとしての効果が高いストーンです。特
に、霊的なものや、目に見えないエネルギー
から身を守り、大きく流れを変えていきます。

✚ 組み合わせると

厄除けの効果が高まる組み合わせです。現状
を見直して、大きく変化したい気持ちをサポ
ートしてくれます。

✳ ルチルクオーツ

自分の中心軸を
つくります

パワー	✦✦✦✦✦
金運	✦✦✦✦✦
エナジー	✦✦✦✦✦

No.5 の守護石

ゴールドの針が入ったクオーツのことです。
キラキラ輝くことから金運アップのストーンと
しても人気があります。金運の中でも、「チャ
ンス到来」の意味が強く出ます。

✚ 組み合わせると

自分の中の強い心にフォーカスし、大切な軸
を育てます。リーダーシップを発揮するため、
経営者などにもオススメです。

ブラッドストーン

生命の誕生を意味し、エネルギーを向上させます

血石●けっせき

ストーンのパワーと効果

パワー	✦✦✦✦✦
エナジー	✦✦✦✦✦
子宝	✦✦✦✦✦

ストーンとのつき合い方

妊娠・出産を考えているときに

このストーンは、子宝に恵まれるといわれる不思議なストーンでもあります。子どもが欲しいと思った瞬間から、出産に至るまで、継続して着けることをオススメします。

組み合わせNGストーン

ありません

どんなストーンとも組み合わせ可能です。

※ こんなときに

ブラッドストーンを欲するとき、あなたは頑張りすぎてエネルギー不足になっている可能性があります。そんなとき、内側の活力を見いだす、頼もしい存在です。

※ このストーンの特徴

ブラッドストーンは、ジャスパーの一種で、グリーン地に血がわき上がるように見えるのが特徴です。硬度は高く丈夫で、水・塩・日光にも強くお手入れがしやすいため、使いやすいストーンです。

※ ストーンの効果

血液と密接な関係を持ち、血行を良くしたり、モチベーションを上げたりするのに効果的です。また、生命エネルギーに深く関係していて、子宝に恵まれる不思議なストーンです。

✳ アパタイト

肉体と精神の
バランスを
とります

パワー	✦✦✦✦
現実化	✦✦✦✦✦
ヒーリング	✦✦✦✦✦

心と身体、どちらも安定させ、いい状態を保つためのサポートを受けることができます。また、考えがうまくまとまらないときにも、オススメのストーンです。

組み合わせると

2つの異なるものをつなげる役割があります。肉体と精神のバランスをとり、現実化が早まります。

✳ ガーネット

冷え性の改善に
効果的です

パワー	✦✦✦✦✦
勝負運	✦✦✦✦✦
復縁	✦✦✦✦✦

No.8の守護石

エネルギーを活性化し、勝負運を高めるストーンです。努力を成功に導いてくれるストーンでもあります。「こんなに頑張ってきたんだから大丈夫」と語りかけてくれているようです。

組み合わせると

血行を良くして、元気になる組み合わせです。冷え性の改善にも効果的です。

組み合わせ

✳ ユナカイト

良い状態へ
復活させます

パワー	✦✦✦
ヒーリング	✦✦✦✦✦
心の安定	✦✦✦✦✦

乱れた心の状態を安定させ、身体のバランスもとってくれるストーンです。より自然な状態へと、持ち主をサポートします。

組み合わせると

とてもバランスのとれた組み合わせで、心身ともに、良い状態への復活を助けてくれます。

✳ レッドルチルクオーツ

子宝に
効果的

パワー	✦✦✦✦✦
エナジー	✦✦✦✦✦
子宝	✦✦✦✦✦

赤い針の入ったルチルクオーツのことで、エネルギーを活性化し、特にエナジー系のストーンとの相性が良く、一緒に着けることで、さらにエネルギーが大きくなります。

組み合わせると

子宝に非常に効果的な組み合わせです。エネルギーを活性化させ、女性の肉体に母性を目覚めさせます。「授かる」という言葉がピッタリです。

Blue Tiger's Eye

ブルータイガーアイ

人生から障害物を取り除きます

青虎目石●あおとらめいし

ストーンのパワーと効果

パワー	✦✦✦✦✦
厄除け	✦✦✦✦✦
仕事	✦✦✦✦✦

ストーンとのつき合い方

初心者は
少しずつチャレンジを

ブルータイガーアイは、とてもエネルギーの高いストーンで、初心者の方にとっては着けにくいストーンとも言えます。その場合は、少しずつ量を増やしたり、大きくしたりしてお使いください。ストラップや根付などの小物として持つのもオススメです。

組み合わせNGストーン

ピンク
オパール

ロード
クロサイト

※ こんなときに

ブルータイガーアイを欲するとき、あなたはトラブルや問題事でなかなか先に進めず、落ち込みがちなときかもしれません。持ち主に冷静さをもたらしてくれるストーンです。

※ このストーンの特徴

和名は「青虎目石」で、別名ホークスアイともいわれます。タイガーアイの一種で、濃いブラックにブルーの目が入ったとても美しいストーンです。扱いやすいストーンで、水・日光でのお手入れができます。ただ、塩分には弱いので、塩の上に長時間置かないように気をつけてください。比較的手に入りやすく、ベーシックな上に、効果が実感しやすいので、とても人気があります。

※ ストーンの効果

このストーンは、「変わりたい」けど「変われない」という心のジレンマを解消してくれるストーンです。現状に負けることなく、次への一歩を踏み出す勇気を与えてくれます。また、行く道の障害物を取り除き、チャンスに恵まれるようになります。

※ アイオライト

物事を
スムーズに進めます

パワー	✦✦✦✦
現実化	✦✦✦✦
成功	✦✦✦✦

「ビジョンの石」ともいわれ、自分の思いを
達成するサポートをしてくれます。持ち主にい
ちばんいい状態を思い出させ、挫折や苦労を
した人を成功へと導いてくれるストーンでも
あります。

組み合わせると

なかなか進まない現状に、光をともしてくれ
る組み合わせです。まず、何のために？とい
う目的を思い出し、スムーズに物事を進めて
いくサポートが得られます。

※ オニキス

障害物を
取り除きます

パワー	✦✦✦✦✦
厄除け	✦✦✦✦✦
集中力	✦✦✦✦✦

No.7 の守護石

最強の厄除けのストーンです。悪い出来事を
はじき飛ばし、持ち主を守ります。集中力を
アップしたいときにもオススメです。

組み合わせると

どちらも厄除けのストーンなので、物事が滞
っていて、なかなか先に進めないときにオス
スメの組み合わせです。

❖ 組み合わせ

※ タイガーアイ

冷静に物事を
進展させます

パワー	✦✦✦✦✦
金運	✦✦✦✦✦
仕事	✦✦✦✦✦

No.1 の守護石

仕事運や金運が上がるストーンとしても人気
のパワーストーンです。変化をいち早く察知
する洞察力を養い、チャンスをつかむ行動力
を与えてくれます。

組み合わせると

同じタイガーアイなので、とても着けやすい
組み合わせです。冷静さも兼ね備え、着実に
前進したいときにオススメです。

※ ラピスラズリ

環境の変化から
守ります

パワー	✦✦✦✦✦
厄除け	✦✦✦✦✦
開運	✦✦✦✦✦

お守りとしての効果が高いストーンです。特
に、霊的なものや、目に見えないエネルギー
から身を守り、大きく流れを変えていきます。

組み合わせると

人の気持ちを感じすぎてしまっているときや、
環境による変化に耐えられないときに、オス
スメの組み合わせです。

Blue Topaz

ブルートパーズ

人生の道しるべとなってくれます

黄玉●おうぎょく

ストーンのパワーと効果	
パワー	✦✦✦✦✦
人間関係	✦✦✦✦✦
変容	✦✦✦✦✦

変化させたいときにサポートしてくれます

ストーンとのつき合い方

このストーンは、変化するためのあらゆるサポートをしてくれます。過去の浄化、気持ちの安定、目標達成というふうに……。カットが施されているものもあり、ジュエリーとしても人気があります。

組み合わせNGストーン

オニキス　　チベットアゲート

✳ こんなときに

ブルートパーズを欲するとき、あなたはこれからの人生の岐路に立っていると言ってもいいでしょう。幸せになるための、さまざまな選択肢を与えてくれます。

✳ このストーンの特徴

ブルートパーズはトパーズの一種で、トパーズの和名は「黄玉」といいます。ブルーのほかに透明、ピンク、イエロー、ライトブラウンなどもあり、オレンジのインペリアルトパーズが最高峰といわれています。非常に硬度が高いストーンですが、割れやすいストーンでもあります。日光を嫌うので、お手入れのときは注意が必要です。

✳ ストーンの効果

今のはっきりしない状況を変えたい、変化させたいというときに、正確な道しるべとなってくれるようなストーンで、一言で表現すると「誠実」です。パートナーへの誠実さを表現したいときにもオススメです。

※ アクアマリン

誠実な
関係をつくります

パワー	◆◆◆
恋愛	◆◆◆◆◆
結婚	◆◆◆◆◆

No.9 の守護石

パートナーとのつながりを強めて、結婚に導くストーンです。家族の絆を深めて、家庭を円満にサポートします。また、物事をじっくり確実に進めるときに最適です。

組み合わせると

順調なパートナーシップのために、オススメの組み合わせです。誠実な心で接することができるように導きます。

※ アマゾナイト

必要な出会いが
もたらされます

パワー	◆◆◆◆
現実化	◆◆◆◆◆
自信回復	◆◆◆◆◆

うまくいかず自信をなくしてしまった、周りと比べて私はダメだと感じている、そんなとき、アマゾナイトはあなたに自信を取り戻させてくれます。まずは、落ち着いて、できることからやってみましょう。

組み合わせると

自分を信頼できるようになる組み合わせです。また、そのときに必要な出会いをもたらし、より豊かな人生を送れるようにサポートします。

組み合わせ

※ ムーンストーン

進む方向を
照らしてくれます

パワー	◆◆◆◆
人間関係	◆◆◆◆◆
恋愛	◆◆◆◆◆

恋人同士のストーンともいわれ、穏やかな波動でカップルの絆を深めていきます。キーワードは、寄り添うこと。常にパートナーを思いやり、サポートする勇気を与えてくれます。

組み合わせると

ムーンストーンの持つ第六感が働く組み合わせで、進むべき方向性を示してくれます。

※ ラリマー

未来への
道しるべとなります

パワー	◆◆◆◆◆
ヒーリング	◆◆◆◆◆
変容	◆◆◆◆◆

三大ヒーリングストーンの1つで、非常にヒーリング効果に優れています。未来からのサポートを多く受けることができますので、安心感を得られます。

組み合わせると

現状打破にピッタリの組み合わせで、なかなか変わらないいら立ちを抑え、しっかりと未来を見据えて行動できるように導きます。

ブルーレースアゲート No.6の
守護石

ソウルメイトを引き寄せ、心が通じ合う人との出会いを呼び寄せます

空色縞瑪瑙●そらいろしまめのう

ストーンのパワーと効果

パワー	◆◆◆◆
人間関係	◆◆◆◆◆
出会い	◆◆◆◆◆

対人関係で困っているときに

ブルーレースアゲートは、とても穏やかなストーンですが、出会いに関しては即効性があります。パートナーシップだけではなく、友情も育てますので、対人関係でお困りの方にはとてもオススメです。

組み合わせ NGストーン ありません

どんなストーンとも組み合わせ可能です。

✳ こんなときに

ブルーレースアゲートを欲するとき、あなたは対人関係でちょっと疲れているときかもしれません。そんなとき、潤滑油のようになって、トラブルやそこからくるストレスを解消に導きます。

✳ このストーンの特徴

ライトブルーの不透明なストーンで、表面にレース状の模様があることから、ブルーレースと呼ばれる、とても美しいストーンです。硬度も高く丈夫で、日光・水・塩分、どれにも強いため、比較的扱いやすいストーンだと言えるでしょう。

✳ ストーンの効果

このストーンは、フレンドリーストーンともいわれ、ソウルメイトとの出会いを呼び込んだり、今ある関係を一歩進め、信頼感のあるかけがえのない存在に育てます。

※ アクアマリン

もっと
仲良くなりたいときに
オススメです

パワー	✦✦✦
恋愛	✦✦✦✦
結婚	✦✦✦✦

No.9 の守護石

パートナーとのつながりを強めて、結婚に導くストーンです。家族の絆を深めて、家庭を円満にサポートします。また、物事をじっくり確実に進めるときに最適です。

✛ 組み合わせると

どちらも、パートナーとのコミュニケーションを高めるストーンです。より仲良くなりたいとき、仲直りしたいときなどにもオススメです。

※ アメシスト

対人関係に
期待が持てる
ようになります

パワー	✦✦✦✦
人間関係	✦✦✦✦
心の安定	✦✦✦✦

No.2 の守護石

心の平和を取り戻すことのできるストーンです。特に不安な気持ちが強いときに、それを静めてゆったりした気持ちになることができます。不眠症の克服にも大変効果的です。

✛ 組み合わせると

対人関係で、心配なことがあったり、ストレスを抱えたりしている人にオススメの組み合わせです。心配な気持ちを手放すことができます。

組み合わせ

※ ムーンストーン

最高の出会いを
引き寄せます

パワー	✦✦✦✦
人間関係	✦✦✦✦✦
恋愛	✦✦✦✦✦

恋人同士のストーンともいわれ、穏やかな波動でカップルの絆を深めていきます。キーワードは、寄り添うこと。常にパートナーを思いやり、サポートする勇気を与えてくれます。

✛ 組み合わせると

どちらもパートナーシップのストーンです。対人関係において、インスピレーションがうまく働きますので、最高の出会いを引き寄せることができます。

※ ローズクオーツ

穏やかな
恋愛に導きます

パワー	✦✦✦✦
恋愛	✦✦✦✦✦
ヒーリング	✦✦✦✦✦

愛情の象徴としても知られる、とても人気のあるストーンです。持つ人の魅力を引き出し、幸せをサポートします。また、パートナーへの愛を育て、思いやりの気持ちを高めます。

✛ 組み合わせると

恋愛の出会いを求めている方にオススメです。過去の恋愛にちょっと疲れてしまったり、穏やかな関係を望む人にはピッタリでしょう。

プレナイト

身体の中からサポートし、強く美しい人になっていきます

葡萄石●ぶどうせき

ストーンのパワーと効果

パワー	✦✦✦✦
ヒーリング	✦✦✦✦✦
浄化	✦✦✦✦✦

ストーンとのつき合い方

肌に触れる場所に着けて

健康面をサポートしてくれるストーンです。特にお肌と密接なかかわりがあり、いつまでも若々しくサポートしてくれます。肌に直接触れる場所への装着がオススメです。

組み合わせNGストーン

ありません

どんなストーンとも組み合わせ可能です。

❋ こんなときに

プレナイトを欲するとき、あなたは現状に満足せず、もっときれいになりたい、もっと輝きたいという気持ちが強いようです。そんなとき、身体の中からサポートし、さらに美しくしていきます。

❋ このストーンの特徴

プレナイトは、和名「葡萄石」とも呼ばれ、マスカットのようなきれいな半透明のグリーンです。プルプルした見た目がかわいらしく、コラーゲンの塊のようにも感じます。日光や塩にも強く、お手入れ方法も簡単ですので、扱いやすいストーンと言えるでしょう。ただし、表面に若干の欠けや傷、内包が見られる場合があります。これは、プレナイト独特のもので、天然の趣です。

❋ ストーンの効果

このストーンは、感情面をサポートするときに、とても強力なエネルギーが発揮されます。最後まであきらめない気持ちを育てる、頼もしいストーンです。

✳ クリソプレーズ

明るい気持ちに
導きます

パワー	◆◆◆◇
ヒーリング	◆◆◆◆◆
希望	◆◆◆◆◇

希望や光を見いだすためのサポートをくれる
ストーンです。気持ちが落ち込んだときに、
不安感を解消し、明日への希望を見いだすこ
とができます。また、精神的原因からくる体
調不良にも効果的です。

✛ 組み合わせると

気持ちが落ち込んだり、前向きになれないと
き、明るい気持ちに導いてくれる組み合わせ
です。心と身体、両方から持ち主をサポート
してくれます。

✳ シトリン

ストレスを
解消します

パワー	◆◆◆◇
ヒーリング	◆◆◆◆◆
ストレス解消	◆◆◆◆◇

心・身体・金銭的なことからくる過度のプレ
ッシャーやストレスを解放し、精神的な安定
を導きます。まるで「心配しなくても大丈夫!」
と語りかけてくれるようなストーンです。

✛ 組み合わせると

リラクゼーションにオススメの組み合わせで
す。心配事やストレスを解消し、ゆったりした
気持ちでいられるようにサポートしてくれま
す。オフの時間に着けるといいでしょう。

組み合わせ

✳ ラブラドライト

粘り強い心を
育てます

パワー	◆◆◆◆◆
現実化	◆◆◆◆◆
粘り強さ	◆◆◆◆◆

No.11 の守護石

このストーンのグレーの色は大地を意味し、
ときおり光るブルーは奇跡的な力を意味しま
す。今まではできないと思い込んでいたこと
も、きちんと向き合うことによって未来が開
けます。

✛ 組み合わせると

プレナイトの感情面へのサポートは粘り強さ
で、この組み合わせは心を強くしていく最高
の組み合わせです。最後までやり遂げる力を
与えてくれます。

✳ ローズクオーツ

女性の
美容に効果的です

パワー	◆◆◆◇
恋愛	◆◆◆◆◆
ヒーリング	◆◆◆◆◆

愛情の象徴としても知られる、とても人気の
あるストーンです。持つ人の魅力を引き出し、
幸せをサポートします。また、パートナーへ
の愛を育て、思いやりの気持を高めます。

✛ 組み合わせると

女性の健康をサポートする組み合わせです。
特に美容面では、いつまでも若々しくいられ
るように、身体の中から守ります。

フローライト

ネガティブな感情を流し、心を透明にしていきます

蛍石●ほたるいし

ストーンのパワーと効果

パワー	✦✦✦✦
ヒーリング	✦✦✦✦✦
浄化	✦✦✦✦✦

ストーンとのつき合い方

合う人と合わない人があるストーンです

フローライトは、心を透明にしていくストーンです。クリスタルクオーツによく似ていますが、比較的人を選びますので、合わない人が持つと割れてしまうこともあります。

組み合わせNGストーン　ありません

どんなストーンとも組み合わせ可能です。

✳ こんなときに

フローライトを欲するとき、あなたはネガティブな感情がたまり、憂うつな気分になっているかもしれません。そんなとき、心のホコリを取り除き、クリーンな状態に導きます。

✳ このストーンの特徴

フローライトは、グリーンからパープルまでの、グラデーションカラーを持つストーンです（写真はグリーンフローライトです）。カラーによって、多少効果が異なります。硬度が低く、とても割れやすいので、注意が必要です。日光に弱いので、注意してください。

✳ ストーンの効果

グリーンフローライトは、癒やしのパワーが強く、パープルフローライトは脳の活性化につながります。全体的には、感情や身体の要らなくなったものを手放し、より良い状態に導くストーンです。

✳ アメトリン

お互いの良さを
引き出します

パワー	＋＋＋＋＋
人間関係	＋＋＋＋＋
ヒーリング	＋＋＋＋＋

アメシストとシトリンで構成された、パープルからイエローへのグラデーションカラーがとても美しいストーンです。対人関係でのストレスを軽減してくれます。

組み合わせると

特に、パープル系のフローライトにオススメの組み合わせです。コミュニケーションを高め、お互いの良さを引き出してくれます。

✳ クリソプレーズ

癒やしの
エネルギーに
満たされます

パワー	＋＋＋＋
ヒーリング	＋＋＋＋
希望	＋＋＋＋＋

希望や光を見いだすためのサポートをくれるストーンです。気持ちが落ち込んだときに、不安感を解消し、明日への希望を見いだすことができます。また、精神的原因からくる体調不良にも効果的です。

組み合わせると

とても効果が似ていて、見た目もエネルギーもピッタリ合いますので、組み合わせに適しています。浄化されたい、癒やされたいと思ったときにオススメです。

❖ 組み合わせ ❖

✳ プレナイト

すがすがしい毎日を
送ることが
できます

パワー	＋＋＋＋
ヒーリング	＋＋＋＋＋
浄化	＋＋＋＋＋

まるでコラーゲンのようなツルンとした見た目から、美容や健康をサポートするストーンとしても人気があります。リラクゼーション効果が抜群です。

組み合わせると

特にグリーンフローライトとの組み合わせが抜群で、健康面のサポートにピッタリです。すがすがしく毎日を送りたい方へ、オススメです。

✳ ラリマー

新しい流れを
つくり出します

パワー	＋＋＋＋＋
ヒーリング	＋＋＋＋＋
変容	＋＋＋＋＋

三大ヒーリングストーンの1つで、非常にヒーリング効果に優れています。未来からのサポートを多く受けることができますので、安心感を得られます。

組み合わせると

未来へのインスピレーションがわき、新しい状況をつくり上げることができます。希望に満ちた素晴らしい組み合わせです。

ヘマタイト

受験や試合など、結果を重視し勝負運を高めたいときに

赤鉄鉱●せきてっこう

ストーンのパワーと効果

パワー	✦✦✦✦✦
エナジー	✦✦✦✦✦
浄化	✦✦✦✦✦

ストーンとのつき合い方

左手への装着がオススメです

強烈なエネルギーを持つパワーストーンです。日常的に取り入れるのでしたら、左手にブレスレットとして着けるのが特にオススメです。

組み合わせNGストーン

ありません

どんなストーンとも組み合わせ可能です。

☀ こんなときに

ヘマタイトを欲するとき、あなたは受験や試合など、勝負のときを目前にし、気持ちが高まっているかもしれません。最後まで力を尽くせるように、強いサポートであなたを守ります。

☀ このストーンの特徴

ヘマタイトは、まるで鉛のような力強い光を放つ、不透明なストーンです。一見、クールで冷たい感じがしますが、握っているうちに内なるエネルギーを感じることができます。硬度は高く、表面に傷もつきにくいので、とても扱いやすく、日常に取り入れやすいとも言えます。しかし、水・塩に弱いので、ほかの浄化方法を選ぶ必要があります（p.173 参照）。

☀ ストーンの効果

このストーンは、人間の全身に流れる血液にフォーカスするストーンで、それゆえすべてに活力を与えるストーンでもあります。瞬発力もありますので、ここぞというときに身に着けるといいでしょう。

✳ オニキス

集中力が
上がります

パワー	＋＋＋＋＋
厄除け	＋＋＋＋＋
集中力	＋＋＋＋＋

No.7 の守護石

最強の厄除けのストーンです。悪い出来事を
はじき飛ばし、持ち主を守ります。集中力を
アップしたいときにもオススメです。

🕀 組み合わせると

集中力を上げるための組み合わせです。やら
なければいけないことはあるのに、なかなか
取り組めない人にオススメです。

✳ ガーネット

冷え性の人に
オススメです

パワー	＋＋＋＋＋
勝負運	＋＋＋＋＋
復縁	＋＋＋＋＋

No.8 の守護石

エネルギーを活性化し、勝負運を高めるスト
ーンです。努力を成功に導いてくれるストー
ンでもあります。「こんなに頑張ってきたんだ
から大丈夫」と語りかけてくれるようです。

🕀 組み合わせると

勝負運を高める組み合わせです。いざという
ときに底力を出し、最高の結果に導きます。
血行を良くする効果も期待できるので、冷え
性の人にもオススメの組み合わせです。

組み合わせ

✳ タイガーアイ

効果を
出したいときに
オススメです

パワー	＋＋＋＋＋
金運	＋＋＋＋＋
仕事	＋＋＋＋＋

No.1 の守護石

仕事運や金運が上がるストーンとしても人気
のパワーストーンです。変化をいち早く察知
する洞察力を養い、チャンスをつかむ行動力
を与えてくれます。

🕀 組み合わせると

チャンスをつかみ、結果を出したい人にオス
スメの組み合わせです。営業マンなど、仕事
の成績を上げたい人にもオススメです。

✳ ブラックスピネル

勝負運を
高めます

パワー	＋＋＋＋＋
エナジー	＋＋＋＋＋
浄化	＋＋＋＋＋

活力を生み出すストーンで、組み合わせるす
べてのストーンの力を増大させ、より早くより
強くサポートします。

🕀 組み合わせると

ヘマタイトの勝負運を、いちばん高めてくれ
る組み合わせです。自分に負けそうなとき、
「活」を入れてくれるでしょう。

ペリドット

明るいエネルギーで希望を見いだします

橙欖石●かんらんせき

ストーンのパワーと効果

パワー	✦ ✦ ✦ ✦ ✦
エナジー	✦ ✦ ✦ ✦ ✦
希望	✦ ✦ ✦ ✦ ✦

ストーンとのつき合い方

カップルで
おそろいに！

ペリドットは、カップルで着けるのにもオススメのストーンです。お互いの誠実さを伸ばし、いつまでも仲のいい関係を続けるサポートをしてくれます。また、身に着けると若々しさがキープされるといわれています。

**組み合わせ
NGストーン**　ありません

どんなストーンとも
組み合わせ可能です。

✳ こんなときに

ペリドットを欲するとき、あなたはマイナス感情に陥り、苦しくなってしまっているかもしれません。そんなとき明るいエネルギーで未来への希望をもたらしてくれます。

✳ このストーンの特徴

ペリドットは、和名を「橙欖石」といい、濃いイエローグリーンの透明なストーンです。8月の誕生石としても人気があります。最近では、採掘量が極端に減少しており、大きなサイズのものはとても高価です。水・塩・日光に強いので、お手入れが簡単です。

✳ ストーンの効果

このストーンは、持ち主の明るさや輝きを引き出し、知的な人に育ててくれます。異性からのアプローチも増え、楽しい毎日を送ることができます。

✳ アクアマリン

素晴らしい関係を
長続きさせます

パワー	✦ ✦ ✦
恋愛	✦ ✦ ✦ ✦ ✦
結婚	✦ ✦ ✦ ✦ ✦

No.9 の守護石

パートナーとのつながりを強めて、結婚に導くストーンです。家族の絆を深めて、家庭を円満にサポートします。また、物事をじっくり確実に進めるときに最適です。

組み合わせると

いつまでも仲のいいパートナーシップをサポートします。懐の深い、豊かな心で相手を包み込むようになる組み合わせです。

✳ シトリン

期待感が
持てます

パワー	✦ ✦ ✦ ✦
ヒーリング	✦ ✦ ✦ ✦ ✦
ストレス解消	✦ ✦ ✦ ✦ ✦

心・身体・金銭的なことからくる過度のプレッシャーやストレスを解放し、精神的な安定を導きます。まるで「心配しなくても大丈夫！」と語りかけてくれるようなストーンです。

組み合わせると

ネガティブな感情をポジティブな感情に変換させてくれます。とても相性のいい組み合わせで、明るいエネルギーで期待感を持つことができるようになります。

組み合わせ

✳ フローライト

発想力が
豊かになります

パワー	✦ ✦ ✦ ✦
ヒーリング	✦ ✦ ✦ ✦ ✦
浄化	✦ ✦ ✦ ✦ ✦

透明感のあるフローライトは、見るだけで心のホコリを取り除き、ネガティブなエネルギーを流していきます。マイナスの気持ちを解消し、心の中も透明にしていきます。

組み合わせると

脳が活性化され、発想力が豊かになります。クリエイティブな仕事をしている人にもオススメの組み合わせです。

✳ ローズクオーツ

持ち主の魅力を
引き出します

パワー	✦ ✦ ✦ ✦
恋愛	✦ ✦ ✦ ✦ ✦
ヒーリング	✦ ✦ ✦ ✦ ✦

愛情の象徴としても知られる、とても人気のあるストーンです。持つ人の魅力を引き出し、幸せをサポートします。また、パートナーへの愛を育て、思いやりの気持ちを高めます。

組み合わせると

持ち主の内面から輝きを引き出し、魅力的に彩ります。なかなか自分に自信が持てない人にも、オススメの組み合わせです。

Mother of Pearl

マザーオブパール

愛に包まれ、その輪を広げていけるようになっていきます

真珠母貝●しんじゅぼがい

※ こんなときに

マザーオブパールを欲するとき、あなたは自分を大切にすることが必要なときです。そして、周りの人にも愛を提供できる懐の深さが求められています。

※ このストーンの特徴

マザーオブパールは、真珠の母貝の部分のことで、真珠を守り育ててきた母のような存在ということから、「真珠の母」でマザーオブパールと名づけられました。厳密に言うとストーンではなく、天然のシェルのことです。あまり硬度が高くないので、割れやすく注意が必要です。水・塩・日光に強いので、お手入れはとても簡単です。宝飾品に加工されているものもありますので、ジュエリーとしてお使いになるのもオススメです。

ストーンのパワーと効果

パワー	◆◆◆
ヒーリング	◆◆◆◆◆
母性	◆◆◆◆◆

長く身近に置きましょう

ストーンとのつき合い方

マザーオブパールは、真珠を守ってきたことから、持ち主を優しく守り、はぐくんでいくストーンです。着け始めたら、長い間近くに置いてあげると、その効果を実感できるでしょう。

※ ストーンの効果

母性の象徴ともいわれ、子宝や家族の繁栄をあらわし、安産や子育てのお守りとしても人気があります。自分を慈しみ愛することができるように、またその感情を周りの人に与えていけるようにサポートしてくれます。

組み合わせNGストーン

ありません

どんなストーンとも組み合わせ可能です。

✳ オレンジムーンストーン

子どもとの関係で
悩みを解消します

パワー	✦✦✦✦
人間関係	✦✦✦✦✦
子宝	✦✦✦✦✦

とても活発なエネルギーを持つムーンストーンです。常に積極的な考えを持ち、楽しい対人関係を引き寄せます。

子宝成就のためにオススメの組み合わせです。出産や子育て期間のあらゆる不安を解消に導いてくれます。

✳ ピンクオパール

出会いと成長を
サポートします

パワー	✦✦✦✦
恋愛	✦✦✦✦✦
新しい出会い	✦✦✦✦✦

別名「キューピッドストーン」といわれ、新しい出会いを導くとても期待感あふれるストーンです。

組み合わせると

出会いと成長をサポートしてくれる組み合わせです。女性らしさを高めて、男性にとって必要な存在になることができます。

組み合わせ

✳ ムーンストーン

優しい心を
引き出します

パワー	✦✦✦✦
人間関係	✦✦✦✦✦
恋愛	✦✦✦✦✦

恋人同士のストーンともいわれ、穏やかな波動でカップルの絆を深めていきます。キーワードは、寄り添うこと。常にパートナーを思いやり、サポートする勇気を与えてくれます。

組み合わせると

パートナーに優しくすることができ、素晴らしい関係をつくることができます。関係を深めていくオススメの組み合わせです。

✳ ローズクオーツ

人生に
彩りを与えます

パワー	✦✦✦✦
恋愛	✦✦✦✦✦
ヒーリング	✦✦✦✦✦

愛情の象徴としても知られる、とても人気のあるストーンです。持つ人の魅力を引き出し、幸せをサポートします。また、パートナーへの愛を育て、思いやりの気持ちを高めます。

組み合わせると

とても女性らしい組み合わせです。何より「自分を愛する」というテーマを受け入れ、人生に彩りを与えてくれます。

マラカイト

マイナスのエネルギーを吸収し、好転させてくれます

孔雀石●くじゃくせき

ストーンのパワーと効果

パワー	✦✦✦✦✦
厄除け	✦✦✦✦✦
ヒーリング	✦✦✦✦✦

ストーンとのつき合い方

水を使うときははずしましょう

マラカイトは、水分に弱いので、だんだん輝きがなくなり、かすれた状態になってしまうこともあります。特にブレスレットの場合、水を使うときははずしたほうがいいでしょう。

組み合わせNGストーン

カーネリアン

※ こんなときに

マラカイトを欲するとき、あなたは周りのエネルギーに過敏になっているときかもしれません。マイナスのエネルギーを吸収し、より良い状況に導いてくれます。

※ このストーンの特徴

和名を「孔雀石」といい、グリーンにマーブル模様が入った、とても美しいパワーストーンです。極端に水を嫌いますので、注意が必要です。また、日光や塩分も嫌いますので、取り扱いは慎重に行ってください。マイナスのエネルギーを吸収してくれますが、自浄作用が弱いので、すぐにエネルギーが落ち込んでしまいます。まめに浄化とパワーチャージをするようにしてください（p.172 参照）。

※ ストーンの効果

周りからのマイナスエネルギーや自分の心の中のマイナスエネルギーを、強力に吸収してくれるストーンです。ヒーリングの効果も高く、マイナスの状況を解消するサポートをしてくれます。しかもあらゆるマイナスエネルギーに対応し、人の感情や、環境の変化、憑依状態まで解消に導いてくれる、頼もしいストーンです。

✳ アズライト

霊的パワーが
強い人に
オススメです

パワー	✦✦✦✦✦
厄除け	✦✦✦✦✦
調整	✦✦✦✦✦

霊的なエネルギーを調整するストーンとしても知られ、一部のプロのヒーラーや、宗教家などが好むストーンです。

組み合わせると

特に、超能力や霊的パワーの強い人向けの組み合わせです。かなりエネルギーが強いので、ストーン上級者にオススメです。

✳ オニキス

強力に
守ります

パワー	✦✦✦✦✦
厄除け	✦✦✦✦✦
集中力	✦✦✦✦✦

No.7 の守護石

最強の厄除けのストーンです。悪い出来事をはじき飛ばし、持ち主を守ります。集中力をアップしたいときにもオススメです。

組み合わせると

周りからのマイナスエネルギーから身を守りたいときに、特にオススメです。強力に持ち主を守り、支えます。

組み合わせ

✳ クリスタルクオーツ

現状を浄化、
好転させます

パワー	✦✦✦✦✦
浄化	✦✦✦✦✦
開運	✦✦✦✦✦

クリスタルクオーツほど、万能なストーンはないと言えるでしょう。基本的には、浄化・開運を意味するストーンで、持ち主をすっきり整え、勇気ある行動をサポートしてくれます。

組み合わせると

マラカイトは、自浄作用が極端に弱いので、組み合わせるときは、近くにクリスタルクオーツを入れてあげると、エネルギーが長持ちします。

✳ ラピスラズリ

マイナス感情を
浄化します

パワー	✦✦✦✦✦
厄除け	✦✦✦✦✦
開運	✦✦✦✦✦

お守りとしての効果が高いストーンです。特に、霊的なものや、目に見えないエネルギーから身を守り、大きく流れを変えていきます。

組み合わせると

マイナスの感情を浄化したり、霊的パワーからも身を守ります。特に念入りなお手入れが必要な組み合わせです。

ムーンクオーツ

ネガティブなエネルギーを浄化し、現実が変化します

乳白水晶 ●にゅうはくすいしょう

ストーンのパワーと効果

パワー	✦✦✦✦✦
浄化	✦✦✦✦✦
変容	✦✦✦✦✦

身に着けたら 流れに任せて

変わりたいと思うあなたの気持ちを促進させます。ムーンクオーツには、自然のエネルギーがたっぷり入っていますので、より流れに任せた行動をすることをオススメします。

組み合わせNGストーン ありません

どんなストーンとも組み合わせ可能です。

✳ こんなときに

ムーンクオーツを欲するとき、あなたは過去を浄化し、すっきり前向きに行動したいと考えていることでしょう。あらゆる側面から持ち主をサポートしてくれるストーンです。

✳ このストーンの特徴

ムーンクオーツは、ヒマラヤ山脈に連なるカラコルム山脈のK2（世界で2番目に高い山）で採掘された、スペシャルなクオーツのことです。全体的に乳白色でところどころ内包があり、それがキラキラ輝きとてもきれいです。硬度は高く、とても丈夫なストーンですが、エネルギーが落ちるとくすんでイエローがかってきます。水・塩・日光でもお手入れが可能で、とても扱いやすいストーンです。

✳ ストーンの効果

このストーンは、不安定な精神状態の浄化に優れていて、持ち主を優しく包み込みながら心の痛みを解消に導きます。もっと自然の叡智（えいち）を取り入れたいときにオススメのストーンです。

✳ ムーンストーン

直感力が
高まります

パワー	✦✦✦
人間関係	✦✦✦✦
恋愛	✦✦✦✦

恋人同士のストーンともいわれ、穏やかな波動でカップルの絆を深めていきます。キーワードは、寄り添うこと。常にパートナーを思いやり、サポートする勇気を与えてくれます。

✛ 組み合わせると

自然のエネルギーを感じることのできる組み合わせです。感覚が研ぎ澄まされ、直感力がさえわたります。

✳ モルガナイト

思いやりの心を
はぐくみます

パワー	✦✦✦✦
恋愛	✦✦✦✦
献身	✦✦✦✦

アクアマリンと同じ「ベリル」の仲間です。思いやりの気持ちを育てる、とても優しい愛情に満ちたストーンです。また、相手に献身的な愛情をもたらすストーンで、結婚への一歩を踏み出すときにもオススメです。

✛ 組み合わせると

とても優しい組み合わせで、思いやりと慈愛の心を持って、周りの人と接することができるようにサポートします。

組み合わせ

✳ ラリマー

癒やしのエネルギーに
包まれます

パワー	✦✦✦✦✦
ヒーリング	✦✦✦✦✦
変容	✦✦✦✦✦

三大ヒーリングストーンの1つで、非常にヒーリング効果に優れています。未来からのサポートを多く受けることができますので、安心感を得られます。

✛ 組み合わせると

ドミニカ共和国とヒマラヤ、どちらもパワースポットとして人気の場所が産地で、ストーンの効果だけではなく、産地の波動をしっかり受け継ぎます。癒やしのエネルギーに包まれたい方にオススメです。

✳ ローズクオーツ

女性の身体と心を
守ります

パワー	✦✦✦✦
恋愛	✦✦✦✦
ヒーリング	✦✦✦✦

愛情の象徴としても知られる、とても人気のあるストーンです。持つ人の魅力を引き出し、幸せをサポートします。また、パートナーへの愛を育て、思いやりの気持ちを高めます。

✛ 組み合わせると

女性のお守りとしてオススメな組み合わせです。持ち主を優しく包み込んでくれる組み合わせです。

ムーンストーン

恋人同士のストーンとして、カップルの絆を深めます

月長石●げっちょうせき

ストーンのパワーと効果

パワー	✦✦✦✦
人間関係	✦✦✦✦✦
恋愛	✦✦✦✦✦

ストーンとのつき合い方

カップルの絆を深めるために

カップルの絆を深めたいときは、ムーンストーンをおそろいで着けることをオススメします。それぞれが持つストーンが共鳴し、2人の関係もより良いものに変化させていきます。

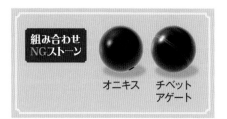

組み合わせNGストーン

オニキス　チベットアゲート

❋ こんなときに

ムーンストーンを欲するとき、あなたはもっと寄り添いたい、共有したいという気持ちが強いようです。カップルの絆を深めてくれるロマンチックなストーンです。

❋ このストーンの特徴

ムーンストーンは、和名「月長石」とも呼ばれ、キラキラしたとてもきれいなストーンです。ホワイトのほかに、グレー、オレンジなどもあり、遊色効果を持ち青光りするブルームーンストーンも存在します（写真は、ホワイトのムーンストーンです）。日光・水・塩とすべてに強いので、お手入れが簡単です。オレンジムーンストーンは、特に独特の意味合いを持つため、p.44に記載しています。

❋ ストーンの効果

このストーンは、大きく分けて2つの効果が存在します。まず1つ目は、恋人同士のストーンとしての役割、もう1つはインスピレーションを高めるという意味でのスピリチュアルな役割です。組み合わせ方法によって、変幻自在のストーンでもあります。

✳ アクアマリン

パートナーとの
絆を深めて
結婚へと導きます

パワー	✦✦✦
恋愛	✦✦✦✦✦
結婚	✦✦✦✦✦

No.9 の守護石

パートナーとのつながりを強めて、結婚に導くストーンです。家族の絆を深めて、家庭を円満にサポートします。また、物事をじっくり確実に進めるときに最適です。

✚ 組み合わせると

パートナーとの絆を深める組み合わせです。ぜひおそろいで身に着けて、それぞれのエネルギーを共鳴させてみてください。

✳ ラピスラズリ

物事を
スムーズに進めます

パワー	✦✦✦✦✦
厄除け	✦✦✦✦✦
開運	✦✦✦✦✦

お守りとしての効果が高いストーンです。特に、霊的なものや、目に見えないエネルギーから身を守り、大きく流れを変えていきます。

✚ 組み合わせると

組み合わせることによって、ラピスラズリの聖なる力が発揮されます。なかなか物事がうまく運ばないとき、天の力を借りたいときにオススメです。

組み合わせ

✳ ラブラドライト

先を見通す直感力を
磨きます

パワー	✦✦✦✦✦
現実化	✦✦✦✦✦
粘り強さ	✦✦✦✦✦

No.11 の守護石

このストーンのグレーの色は大地を意味し、ときおり光るブルーは奇跡的な力を意味します。今まではできないと思い込んでいたことも、きちんと向き合うことによって未来が開けます。

✚ 組み合わせると

とても、スピリチュアルな組み合わせで、直感を磨き、先を見通し願いを実現させる頼もしい組み合わせです。

✳ ローズクオーツ

告白したい人が
現れたときにも
オススメです

パワー	✦✦✦✦
恋愛	✦✦✦✦✦
ヒーリング	✦✦✦✦✦

愛情の象徴としても知られる、とても人気のあるストーンです。持つ人の魅力を引き出し、幸せをサポートします。また、パートナーへの愛を育て、思いやりの気持ちを高めます。

✚ 組み合わせると

恋愛運を高めたいときにオススメの組み合わせです。告白したいけどなかなか勇気がわかない、なかなかパートナーに思いを伝えられないときに効果抜群です。

モルガナイト

周りの人に慈愛の心を持つ優しさが保てます

モルガン石●もるがんせき

ストーンのパワーと効果	
パワー	✦✦✦✦✦
恋愛	✦✦✦✦✦
献身	✦✦✦✦✦

焦らずにゆっくりと

ゆっくり確実に物事を優しい波動に整えていくストーンです。そのため、焦りは禁物です。

組み合わせ NGストーン

オニキス　チベットアゲート

✳ こんなときに

モルガナイトを欲するとき、あなたは優しくなりたい、もっと尽くしたいという気持ちが大きいようです。それはとても純粋なエネルギーで、献身的な愛のもとに、あなたが傷つかずにすむようにサポートしてくれます。

✳ このストーンの特徴

モルガナイトは、アクアマリン・エメラルドと同じ組成の鉱物であるベリル種の1つです。比較的硬度が高く、日光・水・塩のすべてに強いので、お手入れが簡単です。表面に欠けや傷が見られる場合がありますが、特有のものなので気にしなくても大丈夫です。

✳ ストーンの効果

このストーンは、思いやりの気持ちを育て、パートナーや周りの人たちに優しく接することができるようにサポートします。また、固く閉ざしてしまった心を解き、心が柔軟でいられるようにする役割もあります。

※ アクアマリン

パートナーとの
次のステップへ
導きます

パワー	✦ ✦ ✦
恋愛	✦ ✦ ✦ ✦ ✦
結婚	✦ ✦ ✦ ✦ ✦

No.9 の守護石

パートナーとのつながりを強めて、結婚に導くストーンです。家族の絆を深めて、家庭を円満にサポートします。また、物事をじっくり確実に進めるときに最適です。

✚ 組み合わせると

陰陽の作用で、とてもオススメの組み合わせです。結婚したい！と強く願うときに、着けてみてください。

※ クンツァイト

愛を
成就させてくれます

パワー	✦ ✦ ✦ ✦ ✦
恋愛	✦ ✦ ✦ ✦ ✦
トラウマの解放	✦ ✦ ✦ ✦

恋愛や人間関係においてのトラウマをすべて解消してくれます。過去に起こった嫌な出来事を、未来の幸せへと変換させる、とても不思議なストーンです。

✚ 組み合わせると

恋愛には、うまくいかないこともつきものですが、傷ついた心を癒やし、明るい未来を描けるようにサポートします。

組み合わせ

※ ローズクオーツ

穏やかな
恋愛ができます

パワー	✦ ✦ ✦ ✦
恋愛	✦ ✦ ✦ ✦ ✦
ヒーリング	✦ ✦ ✦ ✦ ✦

愛情の象徴としても知られる、とても人気のあるストーンです。持つ人の魅力を引き出し、幸せをサポートします。また、パートナーへの愛を育て、思いやりの気持ちを高めます。

✚ 組み合わせると

穏やかな恋愛ができる、とても素晴らしい組み合わせです。また、自分への愛に気がつき、大切にできるようになるでしょう。

※ ロードクロサイト

とにかく
モテたいときに
オススメ

パワー	✦ ✦ ✦ ✦ ✦
恋愛	✦ ✦ ✦ ✦ ✦
引き寄せ	✦ ✦ ✦ ✦ ✦

恋愛・引き寄せの代表的なストーンです。見た目もとても華やかで、身に着ける人を情熱的に妖艶に彩ります。楽しい毎日をサポートするストーンでもあり、感情がとても豊かになります。

✚ 組み合わせると

とにかくモテたいときにオススメの組み合わせです。エネルギーがとても明るくなりますので、声をかけられることが増えてきます。内からの美しさにも磨きがかかります。

Lapis Lazuli

ラピスラズリ

ネガティブなエネルギーからの解放に。強力に厄除けします

瑠璃●るり　青金石●せいきんせき

ストーンのパワーと効果

パワー	✦✦✦✦✦
厄除け	✦✦✦✦✦
開運	✦✦✦✦

✳ こんなときに

ラピスラズリを欲するとき、あなたは周りの環境に敏感で、体調や心にムラがあるときです。少し過敏になっているときなので、しっかりオーラを守る必要があります。

✳ このストーンの特徴

ラピスラズリは、紺色の地色にパイライトがちりばめられた、とても美しいストーンです。同時に、とても繊細なストーンで、水や塩に弱く、直射日光も嫌いますので、お手入れは慎重に行ってください。着け始めたら、汗や汚れをふき取りながら、大切に装着してください。また、エネルギーがなくなってしまうと、軽石のように軽くスカスカした感じになってしまいます。まめに浄化とパワーチャージ (p.172 参照) をして、お手入れを怠らないようにすると同時に、自分自身のことを大切にしましょう。

✳ ストーンの効果

いわゆる憑依除けに使われるストーンで、おはらいでもラピスラズリを使って厄除けするところがたくさんあります。向き不向きが激しく、合わない人が着けると、不調を訴えることも多くあります。また、物事を表面化するストーンでもありますので、着けてからトラブルに遭った人は、しっかり自分を見つめて「徳」を積む必要があります。

ストーンとのつき合い方

色の変化を感じとって

持ち主の調子がいいときは、紺色に輝き、点々とあるパイライトも表面に出てきて輝きます。調子が悪くなってくると、白く変色して、まるで別のストーンのようになってしまいます。

組み合わせNGストーン

カーネリアン

✳ アズライト

霊的エネルギーを
コントロールします

パワー	＋＋＋＋＋
厄除け	＋＋＋＋＋
調整	＋＋＋＋＋

霊的なエネルギーを調整するストーンとして
も知られ、一部のプロのヒーラーや、宗教家
などが好むストーンです。

組み合わせると

どちらも、とても霊的なストーンで、組み合
わせることによって、その力は増大します。
ただし、難しい組み合わせなので、パワース
トーン上級者にオススメです。

✳ オニキス

トラブル続きのときに
オススメです

パワー	＋＋＋＋＋
厄除け	＋＋＋＋＋
集中力	＋＋＋＋＋

No.7 の守護石

最強の厄除けのストーンです。悪い出来事を
はじき飛ばし、持ち主を守ります。集中力を
アップしたいときにもオススメです。

組み合わせると

今の状態を、大きく変える準備をしてくれる
組み合わせです。最近いいことがない、トラ
ブル続きだ、体調がすぐれない、気持ちが後
ろ向きだというときに、オススメの組み合わ
せです。

組み合わせ

✳ カイヤナイト

問題の解決を
サポートします

パワー	＋＋＋＋＋
現実化	＋＋＋＋＋
問題解決	＋＋＋＋＋

現在直面している問題点を、解決に導くスト
ーンです。霊的エネルギーを整理し、流され
ることなく、自分自身と向き合うことができ
るように導きます。

組み合わせると

どちらも、霊的エネルギーから身を守り、安
全な状態に導くストーンです。頭の中を整理
したり、問題を解決するためのエネルギーを
与えてくれます。

✳ ラブラドライト

自分らしさを
取り戻します

パワー	＋＋＋＋＋
現実化	＋＋＋＋＋
粘り強さ	＋＋＋＋＋

No.11 の守護石

このストーンのグレーの色は大地を意味し、
ときおり光るブルーは奇跡的な力を意味しま
す。今まではできないと思い込んでいたこと
も、きちんと向き合うことによって未来が開
けます。

組み合わせると

周りに左右されることなく、自分らしさを引
き出し、気持ちを強く保つ組み合わせです。
特に、自分らしさを取り戻したいときに着け
るといいでしょう。

ラブラドライト

願いを現実化するためのサポートを受けられます

曹灰長石●そうかいちょうせき

こんなときに

ラブラドライトを欲するとき、あなたは少し周りに流されやすいときであると言えます。もう少し、自分をしっかり持つことで、現実化のサイクルが早まります。

このストーンの特徴

ラブラドライトは、和名を「曹灰長石」といい、グレー地にブルーに光る部分（ラブラドレッセンス）がある、とても美しいパワーストーンです。また、多く光るほどグレードが高いといわれています。見た目は繊細ですが、取り扱いは簡単で、水・塩・日光によるお手入れができます。

ストーンのパワーと効果

パワー	◆◆◆◆◆
現実化	◆◆◆◆◆
粘り強さ	◆◆◆◆◆

ストーンとのつき合い方

ブルーの光を感じてみて

このストーンを手にした瞬間から、持ち主の体内にしっかりした芯を植えつけます。それでも気持ちが落ち着かないときは、ブルーの光を優しくなでてみるといいでしょう。

ストーンの効果

グラウンディングのストーンとして人気が高く、芯をしっかり持ち、周りに振り回されず、現実化していく力を育てます。なかなか目標が決まらない人や、決まってもあきらめてしまうのが早い人には、オススメのストーンです。また、もともとラブラドライトが合う人は、芸術家などに多く、新しい世界をいち早くつくり出していくクリエイターと言えます。

組み合わせNGストーン

ありません

どんなストーンとも組み合わせ可能です。

※ クリソコラ

人生を
より良い方向に
シフトします

パワー	◆◆◆◆
現実化	◆◆◆◆◆
浄化	◆◆◆◆◆

人生を、しっかり地に足をつけた実りあるものにするために、自然の流れに沿って、サポートされるように導くストーンです。

組み合わせると

より良い方向に、人生をシフトしていってくれます。転職など、大きな転機をサポートし、安心して変化できるように導きます。

※ スモーキークオーツ

人生を
ゆっくり確実に
動かします

パワー	◆◆◆◆
現実化	◆◆◆◆◆
不安解消	◆◆◆◆◆

No.4の守護石

今ある不安感を解消し、まだ眠っている、潜在的な力を引き出してくれます。これは行動することで導き出され、「私は必要とされているんだ」という自信につながります。

組み合わせると

自分の内面に目を向け、思いを遂げるために必要な組み合わせです。現実化のエネルギーが強く、人生をゆっくり確実に動かしていきます。

組み合わせ

※ タンザナイト

迷って前に進めなく
なってしまったときに
オススメです

パワー	◆◆◆◆◆
現実化	◆◆◆◆◆
開拓	◆◆◆◆◆

人生をしっかり見据え、自分の運命をつくり出すストーンです。もう一度方向性を見つめ直したら、それに向かって切り開いていくことができます。

組み合わせると

どちらも、持ち主の人生に大きな指針を与え、見つめ直して、自分らしく行く必要性を教えてくれます。迷って先に進めないときに、頼りになる組み合わせです。

※ ラリマー

明るい兆しが
見えてきます

パワー	◆◆◆◆◆
ヒーリング	◆◆◆◆◆
変容	◆◆◆◆◆

三大ヒーリングストーンの1つで、非常にヒーリング効果に優れています。未来からのサポートを多く受けることができますので、安心感を得られます。

組み合わせると

ラリマーのエネルギーは、常に未来に向いていて、ラブラドライトはそれを現実面でサポートします。なかなか変化せず苦しんでいた状況に、明るい兆しが見えてくるストーンです。

ラリマー

マイナス感情を解かし、愛情あふれる毎日に

曹灰針石●そうかいしんせき

ストーンのパワーと効果

パワー	✦✦✦✦✦
ヒーリング	✦✦✦✦✦
変容	✦✦✦✦

✳ こんなときに

ラリマーを欲するとき、あなたは心が波立ち、落ち着きたいと思っているかもしれません。ラリマーは、平和的で穏やかな流れをつくり出し、大きな愛に包まれるような毎日を過ごせるように導きます。

✳ このストーンの特徴

正式名称を「ブルーペクトライト」といい、カリブ海に浮かぶ小さな島「ドミニカ共和国」でしか採れない、非常に貴重なパワーストーンです。カリブ海の宝石ともいわれ、とても人気があります。日光・水・塩分を嫌いますので、取り扱いは慎重に行ってください（p.173 参照）。

✳ ストーンの効果

心に潜んだマイナス感情を解かす役割をしてくれるストーンです。とても明るい未来をイメージさせてくれるので、大きく気持ちが変わり、慈愛の精神で平和的解決を導いてくれます。また、なかなか変化しない状況でも、穏やかに流れをつくってくれますので、波に乗ることができます。

ストーンとのつき合い方

決意表明したいときはペンダントで

ラリマーは、新しい流れをつくり出すストーンでもあります。そんなときは、決意の意味も込めてペンダントとして身に着けるといいでしょう。非常に貴重でレアなストーンなので、大切にお使いください。

組み合わせNGストーン

オニキス　チベットアゲート

✴ アパタイト

信頼し合える
関係をつくります

パワー	✦✦✦✦
現実化	✦✦✦✦✦
ヒーリング	✦✦✦✦

集中できずにいるときに、うまく流れをつくり出します。また「つなげる」効果が高いため、人間関係を円滑に導きます。

組み合わせると

特に、友人や大切な人との絆を深めます。お互いを信頼し、共感し合える関係を深めていく組み合わせです。

✴ クンツァイト

未来を明るく
照らします

パワー	✦✦✦✦✦
恋愛	✦✦✦✦✦
トラウマの解放	✦✦✦✦

恋愛や人間関係においてのトラウマをすべて解消してくれます。過去に起こった嫌な出来事を、未来の幸せへと変換させる、とても不思議なストーンです。

組み合わせると

素晴らしい共鳴をする組み合わせです。過去のトラウマを解消し、未来を明るく導いてくれます。また、共感し合える関係に導きます。

組み合わせ

✴ シーブルーカルセドニー

愛と平和の
象徴です

パワー	✦✦✦
人間関係	✦✦✦✦✦
穏やかさ	✦✦✦✦

鮮やかなブルーのカルセドニーです。海のようなシーブルーのカラーは、見ているだけで気持ちの安定がもたらされ、明るく元気な気分になることができます。全体的にツルンとしたガラス質のストーンです。

組み合わせると

とても穏やかで明るい組み合わせです。現状を不安がるのではなく、未来を見ることによって、勇気をもたらしてくれます。

✴ ラブラドライト

良い流れを
つくってくれます

パワー	✦✦✦✦✦
現実化	✦✦✦✦✦
粘り強さ	✦✦✦✦✦

No.11の守護石

このストーンのグレーの色は大地を意味し、ときおり光るブルーは奇跡的な力を意味します。今まではできないと思い込んでいたことも、きちんと向き合うことによって未来が開けます。

組み合わせると

なかなか先に進まず、イライラする気持ちを抑えてくれます。穏やかな気持ちで、未来を待つことができ、明るい兆しを現実化してくれます。流れを整えるという意味でも、オススメの組み合わせです。

Rutilelated Quartz

ルチルクオーツ

ハンターのように、強いエネルギーで人生を変化させます

針水晶●はりすいしょう

ストーンのパワーと効果

パワー	✦✦✦✦✦
金運	✦✦✦✦✦
エナジー	✦✦✦✦✦

**ストーンとの
つき合い方**

受けるエネルギー
により使い分けを

「まるで100メートル走をしているみたい」
と言われるほど、気持ちを駆り立て、人生を
加速するパワーストーンです。ストーンのエ
ネルギーが強すぎると感じる方は、小さいも
のから試してみてください。また、オンタイム
のみ身に着けるというのも、1つの方法です。

**組み合わせ
NGストーン**

セラフィナイト

❋ こんなときに

ルチルクオーツを欲するとき、あなたは男
性性が強く、目標や夢に駆り立てられて
いるときです。または、きちんと目標を持
ったほうが、人生がうまくいく暗示でもあ
ります。

❋ このストーンの特徴

ルチルクオーツは、和名「針水晶」とも
いわれる、針が入った水晶のことです。
硬度は高く、とても扱いやすいストーンで
す。また、日光・水・塩いずれのお手入れ
もすることができます。ほかに、レッドル
チルクオーツやプラチナルチルクオーツも
あります（ブラック・グリーンなどほかの
カラーの針が入っている場合は、意味合
いが大きく異なります）。

❋ ストーンの効果

金運アップの効果も強く、目標達成のため
に強い気持ちで前進するサポートをしてく
れます。手にのせると、じんわりと熱くな
るほどのエネルギーを持ち、持ち主の気
持ちを高揚させます。組み合わせるすべて
のストーンにエネルギーを与え、強い波動
になります。組み合わせてみて物足りない
感じがしたときや、さらにパワーが欲しい
と思ったときに加えてみてもいいでしょう。

✳ サンストーン

リーダーにぴったりな
組み合わせです

パワー	✦✦✦✦
目標達成	✦✦✦✦
リーダーシップ	✦✦✦✦

男性の象徴的エネルギーであるとも言える、
リーダーシップ、決断力を生み出すストーン
です。どんなこともあきらめず、先に進んで
いく勇気と行動力にあふれています。

組み合わせると

どちらも男性性が強いストーンで、リーダー
シップを発揮するために必要な組み合わせで
す。

✳ シトリン

お金のストレスを
解消します

パワー	✦✦✦✦
ヒーリング	✦✦✦✦
ストレス解消	✦✦✦✦

心・身体・金銭的なことからくる過度のプレ
ッシャーやストレスを解放し、精神的な安定
を導きます。まるで「心配しなくても大丈夫！」
と語りかけてくれるようなストーンです。

組み合わせると

この組み合わせは、表と裏を意味します。目
標は達成したいけど、プレッシャーは解消し
たいというときにオススメの組み合わせです。

組み合わせ

✳ タイガーアイ

仕事運アップに
オススメです

パワー	✦✦✦✦✦
金運	✦✦✦✦✦
仕事	✦✦✦✦✦

No.1 の守護石

仕事運や金運が上がるストーンとしても人気
のパワーストーンです。変化をいち早く察知
する洞察力を養い、チャンスをつかむ行動力
を与えてくれます。

組み合わせると

どちらも、金運アップのストーンです。チャン
スをつかみ、目標をかなえるための洞察力と
行動力を引き出してくれます。ここぞというと
きにオススメの組み合わせです。

✳ ラブラドライト

目標を現実化する
サポートが
もらえます

パワー	✦✦✦✦✦
現実化	✦✦✦✦✦
粘り強さ	✦✦✦✦✦

No.11 の守護石

このストーンのグレーの色は大地を意味し、
ときおり光るブルーは奇跡的な力を意味しま
す。今まではできないと思い込んでいたこと
も、きちんと向き合うことによって未来が開
けます。

組み合わせると

ルチルクオーツの前進エネルギーを、陰でし
っかり支えてくれるようなラブラドライト。目
標を実現させるための、オススメの組み合わ
せです。

レッドタイガーアイ

チャンスをつかみ、モチベーションを大幅アップします

紅虎目石●べにとらめいし　赤虎目石●あかとらめいし

ストーンのパワーと効果

パワー	＋＋＋＋＋
金運	＋＋＋＋＋
仕事	＋＋＋＋＋

ストーンとのつき合い方

**小さめのものから
チャレンジを**

とてもエネルギーの高いストーンで、初心者の方にとっては着けにくいストーンとも言えます。その場合は、少しずつ量を増やしたり、大きくしたりしてお使いください。ストラップや根付などの小物として持つのもオススメです。

**組み合わせ
NGストーン**　ありません

どんなストーンとも
組み合わせ可能です。

✳ こんなときに

レッドタイガーアイを欲するとき、あなたは何事にも気持ちを前向きにし、勇気と決断力が欲しいときだと言えます。着けるだけで元気になり、期待感があふれてくるでしょう。

✳ このストーンの特徴

和名は「赤虎目石」。タイガーアイの一種で、ブラックに見えるような濃い朱色に目が入ったとても美しいストーンです。とても扱いやすいストーンで、水・日光でのお手入れができます。ただ、塩分には弱いので、塩の上に長時間置かないように気をつけてください。比較的手に入りやすく、ベーシックな上に、効果が実感しやすいので、とても人気があります。

✳ ストーンの効果

レッドタイガーアイは、「変わりたい」というあなたの思いを現実化してくれるストーンです。レッドカラーが引き出す情熱は、何ものにも負けない力強さを与えてくれますので、前向きに行動する勇気をもたらしてくれます。

✳ ガーネット

努力が実るように
サポートしてくれます

パワー	✦✦✦✦✦
勝負運	✦✦✦✦✦
復縁	✦✦✦✦✦

No.8 の守護石

エネルギーを活性化し、勝負運を高めるストーンです。努力を成功に導いてくれるストーンでもあります。「こんなに頑張ってきたんだから大丈夫」と語りかけてくれるようです。

組み合わせると

持ち主の努力を、実現に向けてサポートしてくれる組み合わせです。行動することによって得られる喜びを感じることができます。

✳ カーネリアン

物事の進展が
早まり
加速します

パワー	✦✦✦✦✦
恋愛・引き寄せ	✦✦✦✦✦
行動力	✦✦✦✦✦

No.3 の守護石

とても元気な行動力にあふれたストーンです。見ているだけでも楽しくなるようなオレンジ色で、原動力を与えてくれます。

組み合わせると

どちらも暖色で、とても情熱的な組み合わせです。特に行動力を引き出してくれるので、物事の進展が早まり加速します。

✦ 組み合わせ ✦

✳ タイガーアイ

決断力と行動力を
引き出します

パワー	✦✦✦✦✦
金運	✦✦✦✦✦
仕事	✦✦✦✦✦

No.1 の守護石

仕事運や金運が上がるストーンとしても人気のパワーストーンです。変化をいち早く察知する洞察力を養い、チャンスをつかむ行動力を与えてくれます。

組み合わせると

同じタイガーアイなので、とても相性が良く、相乗効果も期待できる組み合わせです。決断力と行動力にあふれた毎日をお過ごしいただけます。

✳ レッドルチルクオーツ

自分の力で
運命を切り開いて
いけるようになります

パワー	✦✦✦✦✦
エナジー	✦✦✦✦✦
子宝	✦✦✦✦✦

赤い針の入ったルチルクオーツのことで、エネルギーを活性化し、特にエナジー系のストーンとの相性が良く、一緒に着けることで、さらにエネルギーが大きくなります。

組み合わせると

どちらも情熱的なストーンで、描いた未来を強力に引き寄せていきます。それも待つというより、自分で決めて切り開いていきます。

Rose Quartz

ローズクオーツ

女性が幸せになるためのあらゆるサポートをしてくれます

紅水晶●べにすいしょう

ストーンのパワーと効果

パワー	✦✦✦✦
恋愛	✦✦✦✦✦
ヒーリング	✦✦✦✦

ストーンとの つき合い方

触れることで
安心感をもたらします

持ち主の状況を鏡のように見せてくれるストーンです。調子がいいときは、中から輝き、ダウンするとストーンがグレーっぽくなってきます。

組み合わせ NGストーン ありません

どんなストーンとも
組み合わせ可能です。

✳ こんなときに

ローズクオーツを欲するとき、あなたは女性としての喜びをかみしめたいと思っていることでしょう。心のバランス、身体のバランスを整え、幸せになるための準備をしっかりしてくれます。

✳ このストーンの特徴

ローズクオーツは、「紅水晶」ともいわれる石英系のストーンです。比較的硬度が高く、水・塩に強いので、お手入れが簡単です。ただし、日光には弱いので、直射日光に気をつけましょう。どんなストーンとも相性が良く、とても使いやすいパワーストーンです。また、取り扱う店も多く、比較的リーズナブルですぐに手に入る、最もポピュラーなパワーストーンです。

✳ ストーンの効果

ローズクオーツは、女性に輝きを与えてくれるストーンです。とても穏やかなエネルギーで、女性らしさを引き出します。また、持ち主が自分のことを愛せるように導くストーンでもあります。

✴ シトリン

疲れた心を
優しく包み込みます

パワー	✦✦✦✦
ヒーリング	✦✦✦✦✦
ストレス解消	✦✦✦✦✦

心・身体・金銭的なことからくる過度のプレッシャーやストレスを解放し、精神的な安定を導きます。まるで「心配しなくても大丈夫!」と語りかけてくれるようなストーンです。

組み合わせると

リラクゼーション効果が高い組み合わせです。頑張りすぎて疲れてしまったときに、優しく包んでくれるような組み合わせです。

✴ マザーオブパール

人と人とを
つなぎ合わせます

パワー	✦✦✦
ヒーリング	✦✦✦✦✦
母性	✦✦✦✦✦

マザーオブパールは、パールを包む母貝のこと。温かく守るエネルギーは、まるで赤ちゃんを守るお母さんのよう。周りに明るいエネルギーをもたらし、人と人とをつなぐ役割をサポートします。

組み合わせると

母性を高めたいときに、オススメの組み合わせです。妊娠中や出産後の気持ちを整え、コミュニケーションがとれるように導きます。

組み合わせ

✴ ムーンストーン

告白したい人が
現れたときにも
オススメです

パワー	✦✦✦✦
人間関係	✦✦✦✦✦
恋愛	✦✦✦✦✦

恋人同士のストーンともいわれ、穏やかな波動でカップルの絆を深めていきます。キーワードは、寄り添うこと。常にパートナーを思いやり、サポートする勇気を与えてくれます。

組み合わせると

恋人同士の絆を深める、とても効果的な組み合わせです。なかなか先に進まない関係を、一歩前進させてくれるでしょう。

✴ ロードクロサイト

恋愛運を
上げたいときに
オススメです

パワー	✦✦✦✦✦
恋愛	✦✦✦✦✦
引き寄せ	✦✦✦✦✦

恋愛・引き寄せの代表的なストーンです。見た目もとても華やかで、身に着ける人を情熱的に妖艶に彩ります。楽しい毎日をサポートするストーンでもあり、感情がとても豊かになります。

組み合わせると

恋愛運を上げたいときに、オススメの組み合わせです。新しい流れをつくりたいときだけでなく、寂しいときや失恋後などの、傷ついた心を癒やしてくれます。

Rhodochrosite

ロードクロサイト

強い引き寄せパワーで、人生を変容させます

菱マンガン鉱●りょうまんがんこう

ストーンのパワーと効果	
パワー	✦✦✦✦✦
恋愛	✦✦✦✦✦
引き寄	✦✦✦✦

ストーンとのつき合い方

前向きになれないときは着けないで

引き寄せ効果の強いストーンですが、エネルギーバランスが悪いときは、ネガティブなエネルギーも引き寄せますので注意が必要です。使い始める前に、気持ちの整理をしておくことも大切です。

組み合わせNGストーン

チベットアゲート

ブルータイガーアイ

オニキス

✳ こんなときに

ロードクロサイトを欲するとき、あなたは強い引き寄せのパワーを持っています。ただし、持ち主と同じエネルギーを引き寄せますので、気持ちが前向きのときに着けたほうが効果は実感できます。

✳ このストーンの特徴

通称「インカローズ」ともいわれて親しまれているストーンです。産地は、主に南米でアルゼンチンとペルーで産出されます。非常に硬度が低く、水・塩・日光に弱いので、慎重なお手入れが必要です（p.173参照）。汗をかいたり、水にぬれてしまったときは、素早くふき取るようにしてください。そのままにしておくと、ストーンが溶けて小さくなっていってしまいます。グレードによる値段の差が大きいストーンでもあります。

✳ ストーンの効果

ロードクロサイトは、人生に彩りを与えてくれるパワーストーンです。身に着けるときは、なるべく楽しいことを想像してみてください。

✳ ピンクオパール

新しい出会いを
呼び込みます

パワー	✦ ✦ ✦ ✦ ✦
恋愛	✦ ✦ ✦ ✦ ✦
新しい出会い	✦ ✦ ✦ ✦ ✦

別名「キューピッドストーン」といわれ、新しい出会いを導くとても期待感あふれるストーンです。

➕ 組み合わせると

恋愛において、新しい出会いを呼び込み、楽しい恋愛に発展させてくれる「春」をイメージさせるような組み合わせです。身に着けることで楽しい毎日を送ることができるでしょう。

✳ モルガナイト

愛情を
取り戻したいときに
オススメです

パワー	✦ ✦ ✦ ✦ ✦
恋愛	✦ ✦ ✦ ✦ ✦
献身	✦ ✦ ✦ ✦ ✦

アクアマリンと同じ「ベリル」の仲間です。思いやりの気持ちを育てる、とても優しい愛情に満ちたストーンです。また、相手に献身的な愛情をもたらすストーンで、結婚への一歩を踏み出すときにもオススメです。

➕ 組み合わせると

思いやりにあふれた、愛情深い人を育ててくれます。冷めきってしまった関係に、もう一度息吹を与えてくれるような組み合わせです。

❧ 組み合わせ ❧

✳ ルチルクオーツ

強く優しい
女性になれます

パワー	✦ ✦ ✦ ✦ ✦
金運	✦ ✦ ✦ ✦ ✦
エナジー	✦ ✦ ✦ ✦ ✦

No.5 の守護石

ゴールドの針が入ったクオーツのことです。キラキラ輝くことから金運アップのストーンとしても人気があります。金運の中でも、「チャンス到来」の意味が強く出ます。

➕ 組み合わせると

男性的の象徴でもあるルチルクオーツも、ロードクロサイトと組み合わせることによって、強く美しい女性をつくり上げます。プライドが高く、高貴な組み合わせです。

✳ ルビー

周りの人たちを
魅了していきます

パワー	✦ ✦ ✦ ✦ ✦
恋愛	✦ ✦ ✦ ✦ ✦
魅力アップ	✦ ✦ ✦ ✦ ✦

女性的なエネルギーを持つストーンで、官能的で情熱的です。大胆でエネルギーにあふれ、地道な努力というより、自らの魅力で運命を切り開いていきます。

➕ 組み合わせると

イメージは女王様。とても官能的な組み合わせで、周りの人を魅了していきます。女性としての自信を高める組み合わせです。

ロードナイト

積極的に自分をアピールできるようになります

薔薇輝石●ばらきせき

ストーンのパワーと効果

パワー	✦✦✦✦✦
恋愛	✦✦✦✦✦
対人関係	✦✦✦✦✦

ストーンとのつき合い方

左手に着けて

恋愛や引き寄せをもたらすストーンですが、浮き足立った感じではなく、しっかりと落ち着いた人間関係をつくり出してくれます。ブレスレットとして身に着けるのがいちばんオススメです。

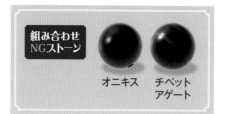

組み合わせNGストーン

オニキス　　チベットアゲート

✳ こんなときに

ロードナイトを欲するとき、あなたはなかなか自分の気持ちを言えず、コミュニケーションに抵抗を感じているときなのかもしれません。勇気を持って、アピールできるようにサポートします。

✳ このストーンの特徴

ロードナイトの和名は「薔薇輝石」です。少し青みがかったピンク色でとても人気があります。エネルギーの状態が変わると、変形してしまうこともあります。日光を嫌いますので、直射日光は避けてください。また、長時間水につけておくことのないように、気をつけましょう。

✳ ストーンの効果

このストーンは、恋愛上手になるストーンだとも言えます。身に着けることで、自分の思っていることを心にためずにしっかりと伝えることができるようになります。そのため、我慢することが少なくなっていきます。

 アメシスト

自分の主張が
できるように
なります

パワー	✦✦✦✦
人間関係	✦✦✦✦✦
心の安定	✦✦✦✦✦

No.2 の守護石

心の平和を取り戻すことのできるストーンです。特に不安な気持ちが強いときに、それを静めてゆったりした気持ちになることができます。不眠症の克服にも大変効果的です。

組み合わせると

物おじするとか、同性との人間関係で悩んでいる人にもオススメです。トラブル知らずで、自分の主張がきちんとできるようになります。

✳ ガーネット

人間関係での
積極性を
引き出します

パワー	✦✦✦✦✦
勝負運	✦✦✦✦✦
復縁	✦✦✦✦✦

No.8 の守護石

エネルギーを活性化し、勝負運を高めるストーンです。努力を成功に導いてくれるストーンでもあります。「こんなに頑張ってきたんだから大丈夫」と語りかけてくれるようです。

組み合わせると

積極的に、人とかかわることができるようになる組み合わせです。うまくいかないことも、簡単にあきらめてしまうのではなく、しっかり気持ちを伝えることによって、解決することもあります。

組み合わせ

✳ スモーキークオーツ

欲しいものを
手に入れたいときに
オススメです

パワー	✦✦✦✦
現実化	✦✦✦✦✦
不安解消	✦✦✦✦✦

No.4 の守護石

今ある不安感を解消し、まだ眠っている、潜在的な力を引き出してくれます。これは行動することで導き出され、「私は必要とされているんだ」という自信につながります。

組み合わせると

自分に自信が持てるようになる組み合わせです。ライバルに勝ち、自分の欲しいものを手に入れたいときにオススメです。

✳ ローズクオーツ

女性としての
自信が持てないときに
オススメです

パワー	✦✦✦✦
恋愛	✦✦✦✦✦
ヒーリング	✦✦✦✦✦

愛情の象徴としても知られる、とても人気のあるストーンです。持つ人の魅力を引き出し、幸せをサポートします。また、パートナーへの愛を育て、思いやりの気持ちを高めます。

組み合わせると

なかなか自分の気持ちがうまく伝えられず、自信が持てない人へオススメの組み合わせです。

あなたのパワーストーンを最高のお守りにするおまじない

手にしたパワーストーンの効果を、もっと引き出すおまじないをご紹介します。

お気に入りのパワーストーンを1つ選んで願掛けしてみましょう!

たくさん持っていて、どれもこれもやるのはNGです(アクセサリーであれば、数種類のストーンが入っていても大丈夫です)。

①期限を決めます。

その願いは、いつごろにかなってほしいものなのですか?

(ここでは、3カ月後に設定します)

②目を閉じて3カ月後のあなたを想像してみて。

目を閉じて願い事がかなうところをイメージして!

だんだんとイメージに色が見えてきます。

見えてきたら、願い事を口に出して言ってみましょう。

③カードに願い事を書きます。

そのときに、願いがかなったところを想像してみてください。ワクワクドキドキできたらOKです!

カードやペンはどんなものでもかまいません。

☆大丈夫かな? 不安だな……と思ったら、願い事を考え直します。失敗したり、途中でペンが止まったりしたら書き直します。

④カードの上に、パワーストーン(アクセサリー)をのせます。

パワーストーンが、きちんと文字を読めるように、書いた面に置いてあげてください。

⑤20秒ほどそのまま置いておきます。

終わり! 簡単でしょ。

パワーストーンは、持ち主のエネルギーを敏感に察知します。ときどきおまじないをすることで、あなたのパワーストーンに、役目を思い出させてあげてください。

また、時間がたって、違うおまじないをしたくなったら、「この間はありがとう」と感謝の気持ちを伝えてからやってみてくださいね。

ストーンとの
つき合い方がわかると
さらにパワーアップできる

パワーストーン
使いこなし法

さまざまなスペシャルストーン

スペシャルストーンの中には、サファイア・ルビー・エメラルドといった宝石としても知られるパワーストーンのほか、ギベオン・モルダバイト・リビアングラスといった宇宙に由来した神秘的な石、スーパーセブン・ストロベリークオーツ・ゴールデンダンビュライトといった高次元ヒーリングストーンも存在します。

スペシャルストーンは、エネルギーが高いため、ストーンに慣れていない人がいきなり身に着けると、だるさを感じたり、重く感じたりすることもあるようです。これは、いわゆる「石あたり」と呼ばれるもので、パワーストーンに慣れてくると、症状も治まります。どうしても着けづらさを感じるときには、身に着ける時間を少しずつ増やしていくといいでしょう。スペシャルストーンは、それ以外の石に比べて、効果が出るのも早いのでとても楽しみですよ！　お気に入りの1つを探してみるのもいいですね。

スペシャルストーン

ここでは、高価でなかなか手が出なかったり、
レアでお目にかかれなかったりするスペシャルなストーンをまとめてみました。

宝石としても知られるスペシャルストーン

すべて、持ち主のカリスマ性を高めるストーンです。
ある一定の分野で活躍したい人、人気ものになりたい人にオススメです。

サファイア

ルビー

エメラルド

男性的なエネルギーを持つストーンで、経営や組織に携わる人にオススメのストーンです。良いチームワークをつくるリーダーシップ性を導き、努力を実らせます。9月の誕生石でもあります。

女性的なエネルギーを持つストーンで、官能的で情熱的です。大胆でエネルギーあふれ、地道な努力というより、自らの魅力で運命を切り開いていきます。
7月の誕生石でもあります。

愛の力がとても強いストーンで、カップルで着けると浮気防止になるともいわれています。ベリルの中の一種ですが、ほかの2つ（アクアマリン・モルガナイト）に比べて産出量が極端に少なく、大きなものはほとんど採出されません。
5月の誕生石でもあります。

宇宙系のストーン

宇宙に由来する3つのパワーストーン。
神秘的な力で、新しい人生を切り開きます。ここぞというときにオススメです。

ギベオン

主に鉄とニッケルから成る
鉄隕石で、約4億5千万
年前に地球に落下したと考
えられています。意志を強
くし、現実を動かす、非常
にエネルギーの高いストー
ンです。

モルダバイト

宇宙の隕石が落下した際に
起こる熱量と衝撃によって、
地上の物質と隕石の成分が
溶け出して生成されたもので
す。前世のカルマ（前世か
ら持ち越されている課題）を
解消し、潜んでいる問題を
解決に導きます。

リビアングラス

エジプト西部で採れる天然ガ
ラスのこと。隕石の衝突に
起因し、大きな熱反応によっ
て偶然でき上がったものとい
う説が有力です。非常に高
いヒーリング効果を持ってい
て、プロのヒーラーさんに愛
されるストーンです。

さまざまなルチルクオーツ

針水晶ともいわれるルチルクオーツには、ゴールドだけでなくさまざまなものがあり、
意味合いもそれぞれ異なります。

プラチナルチルクオーツ

放射状に、プラチナ色の針が入ったル
チルクオーツのことです。身に着け始
めてから、棚ボタ的にいいことが起こ
り始め、変容し始めることから、「棚
ボタルチル」とも呼ばれています。

ブラックルチルクオーツ

ブラックの針が入ったルチルクオーツ
のことです。この針は、トルマリンの
ことが多く、ヒーリング効果が高いル
チルクオーツとも言えます。着実に結
果を出したいとき、長い間の努力を実
らせたいときにオススメです。

ゴールデンルチルクオーツ

ゴールドの針が入ったルチルクオーツ
のことです。特に金運アップに効果的
だとされ、とても人気があります。目
標に向かって、意志を強くもって取り
組みたいときにオススメの石です。

レッドルチルクオーツ

赤～茶色の針が入ったルチルクオーツ
のことです。赤い線は情熱を表し、身
に着けた瞬間からやる気がみなぎるの
が感じられるでしょう。エネルギーを
活性化し、変容を促します。

世界三大ヒーリングストーン

パワーストーンの中でも、特にヒーリング効果が高いとされる3つのストーンのこと。
現状を大きく変容し、理想に近づくパワフルなストーンです。

スギライト

ラリマー

チャロアイト

あなたがいちばん求める、安心できる場所、心を許せる場所へと導いてくれます。マイナスオーラから身を守ったり、癒やしのパワーを引き寄せたりと変幻自在ですが、「安心感」というメッセージのもとサポートしてくれます。

一部の地域でしか採れない、とても貴重なストーンで、非常にヒーリング効果に優れています。未来からのサポートを多く受けることができますので、なかなか物事が先に進まないときに、願掛けしてみてもいいでしょう。

ホワイトからパープルのマーブル模様がとても魅力的で、精神的な癒やしをサポートするストーンです。恐れや心の弱さなど、ネガティブな気持ちを克服し、迷いを断ち切って道を切り開いていきます。

高次元ヒーリングストーン

高次元のパワーに満たされ特別な力を宿すパワーストーン。
エネルギーが欲しいときに、オススメです。

スーパーセブン

水晶の中に複数の鉱物が内包されたストーンのことです。7つの要素が見られる石で、どんな石とも相性がよく、比較的持ち主を選びません。総合的にパワーアップしたいときにオススメです。

ストロベリークオーツ

1960年にメキシコで発見された、比較的新しい鉱物です。慈愛に満ちたストーンで、人を愛する気持ちを高めます。また、身に着けることで元気になる、エナジー効果も期待できます。

ゴールデンダンビュライト

パワーストーンのダイヤモンドともいわれ、優れた浄化作用があるストーンです。人気運が増し、周りの人に必要とされることが増えるでしょう。

水晶の中に別のストーンが育つ
特別なパワーストーン

水晶の中に、もう一つのストーンの結晶が現れる
特別なストーンが次々と発見されています。
それぞれのパワーストーンが水晶のエネルギーと混ざり合って生成されるため、
単体のときよりもずっと貴重でパワーがあります。

アゲートインクオーツ

水晶の中に、アゲート（瑪瑙）が混ざり合ってできたストーンです。
コミュニケーション上手になりたいときにオススメで、再生・修復を意味し、持ち主に心身ともに癒やしをもたらし、新しいパワーを注ぎ込みます。

クオーツインクオーツ

水晶の中に水晶が生成されたものです。
丸玉の中にクラスターが見える、とても珍しいストーンです。
達成してもなお、上を目指すように、とどまるところを知らない成長を促してくれます。

スティブナイトインクオーツ

スティブナイト（輝安鉱）が混ざり込んだ、とても珍しいストーンです。
メンタルを強化し、新しい道をつくり、人生を好転させます。悪縁を切りたいときなどにもオススメです。

特別な
水晶

ファントムクオーツ

別名山入り水晶。水晶の
生成の過程で、一回成
長が止まり、また成長す
る過程で山模様ができる
と考えられています。何
度つまずいても、立ち上
がり前進する強いエネル
ギーを秘めています。浄
化力も大変高く、人気の
ある水晶です。
含有物によって色が変わ
り、白・緑・赤などが有
名です。

ヘマタイトインクオーツ

ヘマタイト（赤鉄鉱）が
混ざり込んだ水晶で、と
ても珍しいストーンです。
勝利の石ともいわれ、何
かにチャレンジしている
ときには特にオススメで
す。
心身のエネルギーを活性
化させ、信念を貫いてい
く強さをもたらします。

エンジェルラダー

「天使のはしご」といわれ、
雲間から差し込む光のように
見られる水晶で、近年発見
されました。天から差し込む
光のように、持ち主の行方を
明るく照らし、希望をもたら
してくれる石です。ブルーと
ピンクがあり、ピンクはかな
り希少価値あり。

オーラクオーツ

別名ライモナイトインクオー
ツ。自らの力で、ネガティブ
な事柄を寄せつけず、明る
くて強いパワーで前向きにな
るストーン。
ビジネスの成功、金運アッ
プに向けて、明るいパワー
で持ち主をサポートします。

スペシャルストーンのエネルギー

パワーストーンの中には、ベーシックなストーン（比較的安価で手に入り
やすいストーン）、レアストーン（採掘量が比較的少なく、産地が特定さ
れる場合もある）、スペシャルストーン（採掘量が著しく少なく、産地も
かなり特定されるストーン）があります。

特にレアストーンやスペシャルストーンは、一時的に市場から姿を消すこ
とが多く、そういった場合は価格も高騰し始めます。

スペシャルストーンの特徴としては、表面に傷がついていたり、石に内包
や含有物があったりすることがあります。これは、より自然に近い形で
採掘されており、あまり磨かれないエネルギーの強い状態で私たちの手
元に訪れることが多いからといわれています。

パワーストーンのエネルギーを比べると、

ベーシックストーン ＜ レアストーン ＜ スペシャルストーン

となり、スペシャルストーンはいちばんエネルギーが強いと言えます。

エメラルド

愛情を深め、人間関係の絆を深める

ストーンのパワーと効果

パワー	✦✦✦✦✦
恋愛	✦✦✦✦✦
絆	✦✦✦✦✦

組み合わせ NGストーン ありません
どんなストーンとも組み合わせ可能です。

✤ おすすめの組み合わせと効果 ✤

✚ ガーデンクオーツ
思考が明晰になり、物事がスムーズに進みます。また、どんなときも落ち着いて対処できるようになります。

✚ ムーンストーン
パートナーとの絆を深めます。信頼感を深め、お互いに思いやりの気持ちを持って過ごすことができるようになります。

✷ ストーンとのつき合い方

ビジョンを明確にし、そこから横道にそれないように、しっかり守ってくれる石です。浮気防止の効果も期待できますので、カップルはペアで身に着けることで、効果が高まります。

✷ こんなときに

エメラルドを欲しているとき、あなたは強い意志を持って、勇気ある行動をしたいと思っているのかもしれません。また、ヒーリング効果も強いので、心身のバランスをとりながら、思いの現実化をサポートします。

✷ このストーンの特徴

エメラルドは、「ベリル」という鉱物の一種で、一般的には5月の誕生石として知られています。宝石として知られている石ですが、パワーストーンでも身に着けることが可能です。ただ、ビーズタイプのものは流通が少なく、価格も高額になります。同じ「ベリル」には、アクアマリン・モルガナイトがあり、どちらもとてもレアで人気のあるパワーストーンです。浄化は、水分・塩分以外の方法で。パワーチャージは日光浴以外の方法で行ってください。

✷ ストーンの効果

優れた知恵を発揮するストーンとして、古代から愛されています。その叡智を求めて、さまざまな職業の人がエメラルドを欲したほどです。深く物事を考えたいときに着けることで集中力が増します。また、絶対にかなえたい夢や目標があるときに、その思いを現実化してくれます。

Kyanite

カイヤナイト

どんな難題も、解決に導きます

ストーンのパワーと効果

パワー	✦ ✦ ✦ ✦ ✦
現実化	✦ ✦ ✦ ✦ ✦
問題解決	✦ ✦ ✦ ✦ ✦

組み合わせ NG ストーン

ありません
どんなストーンとも
組み合わせ可能です。

❖ おすすめの組み合わせと効果 ❖

➕ ラピスラズリ
直面している問題を解決に導きます。霊的エネルギーを整え、流されることなく自分自身と向き合うことができるようになります。

➕ サファイア
何か大きなことに挑戦していくときにオススメの組み合わせです。自分自身の力を、最大限引き出してくれます。

❋ ストーンとのつき合い方

縦割れを起こしやすいため、衝撃に弱い石でもあります。取り扱い時には、十分な注意が必要です。大切に扱いましょう!

❋ こんなときに

カイヤナイトを欲しているとき、あなたは何か問題や課題に直面しているときかもしれません。課題は、成長のためには必要なステップです。逃げずに向き合うことができれば、前進することができます。

❋ このストーンの特徴

すべての浄化方法が適しています。ただし、水での浄化も塩での浄化も長すぎると石の表面を傷めますので、短時間で行いましょう(1時間が限界)。パワーチャージ方法は、比較的すべての方法が適していますが、日光には長く当てないようにしてください。

❋ ストーンの効果

優れた問題解決の効果で、持ち主のエネルギーを整理し、流されることなく、自分自身と向き合うことができるように導きます。また決めたことを最後までやり抜く根気強さを高めます。

ギベオン

意志を強く持たせ、現実を動かします

ストーンのパワーと効果

パワー	✦✦✦✦✦
現実化	✦✦✦✦✦
次元上昇	✦✦✦✦✦

組み合わせNGストーン

ありません
どんなストーンとも
組み合わせ可能です。

❖ おすすめの組み合わせと効果 ❖

✚ モリオン
組み合わせることで、お守りの効果が最大に引き出されます。見えない力を使って、自分自身を守り安心することができます。

✚ プラチナルチルクオーツ
変容のためにいちばんオススメの組み合わせです。見えない力を使って、より早く、より確実に現実を動かします。

☀ ストーンとのつき合い方

傷をつけたり割れたりすると、酸化してしまうので取り扱いには気をつけましょう。主成分が鉄でできているため、流通の際にはロジウムコーティングがされています。

☀ こんなときに

ギベオンを欲しているとき、あなたは根底から変容したいと考えています。今の考え方や行動の仕方、人づき合いなど、すべてについて上昇したいという思いがあるようです。

☀ このストーンの特徴

ギベオンは、約4億5千万年前に地球に落下してきたとされる鉄隕石のことです。1936年にナミビア共和国のギベオンという場所で発見されたのが名前の由来です。表面には、「ヴィドマンシュテッテン構造」といわれる神秘的な模様があります。浄化方法は、水以外のもので。つけ置きは、厳禁です。パワーチャージは、日光浴以外の方法を選んでください。

☀ ストーンの効果

価値観の変容を促すことによって、より高い魂のステージに導いてくれます。高次とつながりながら現実を動かすことができる貴重な石で、しっかり落ち着いて物事を進めることができるようになります。

ゴールデンダンビュライト

優れた浄化作用があります

ストーンのパワーと効果

パワー	✦✦✦✦✦
浄化	✦✦✦✦✦
人気	✦✦✦✦✦

組み合わせ NGストーン **ありません**
どんなストーンとも
組み合わせ可能です。

❖ おすすめの組み合わせと効果 ❖

✚ ムーンストーン
新しい世界への扉が開く、そんな
イメージがぴったりな組み合わせ
です。思いきって新しいことを始め
たいときなどにオススメです。

✚ クリスタルクオーツ
最高の浄化を期待できます。物事
を好転していってくれるので、身
に着けると走り出したくなるような
軽やかな気持ちになるでしょう。

❋ ストーンとのつき合い方

黄色がかわいいゴールデンダンビュライト
は、ちょっと元気がないとき、また思い
っきり楽しみたいときに身に着けるといい
でしょう。右手に着けるときは浄化、左
手に着けるときは、癒やしの効果を発揮
します。

❋ こんなときに

ゴールデンダンビュライトを欲していると
き、あなたは楽しく充実した生活をした
いという思いが強いようです。また、過去
に起こったことを、完全に浄化したいと思
っているときなのかもしれません。

❋ このストーンの特徴

ダンビュライトは、ダイヤモンドの代用品
といわれるほどの高いエネルギーを持っ
た石です。水・塩を含むすべての浄化方
法を使うことができます。パワーチャー
ジは、若干太陽光に弱いので、日光浴を
するときは短めの時間で行ってください
（1時間以内）。

❋ ストーンの効果

精神面、感情面の癒やしに効果的なスト
ーンです。優れた浄化作用で、すべてを
浄化し、新しい流れに整えてくれます。
また、身に着けることで自然とほっとする、
太陽のようにパッと明るい気分にしてくれ
る、とても温かみのあるストーンでもあり
ます。

サファイア

リーダーシップ能力を高め、努力が現実になります

ストーンのパワーと効果

パワー	✦✦✦✦✦
現実化	✦✦✦✦✦
リーダーシップ	✦✦✦✦✦

組み合わせNGストーン

ありません
どんなストーンとも
組み合わせ可能です。

❖おすすめの組み合わせと効果❖

＋ルチルクオーツ

財運が高まる組み合せです。経営者など事業をしている方に特にオススメで、自らの力で運を引き寄せたい方にぴったりです。

＋ブラックスピネル

何か成し遂げたい！という思いをかなえる組み合わせです。身に着けることで元気になり、自信がみなぎってきます。

✽ ストーンとのつき合い方

特に、経営者や起業家、スポーツ選手など、自らの力を試したい、チームで動きたい、リーダーシップを発揮したいと思われる、元気で活動的な人が身に着けることで効果を実感できます。

✽ こんなときに

サファイアを欲しているとき、あなたは目標を果たすための強い責任感を持ち、リーダーとして人を引っ張っていくことが求められている状態でしょう。

✽ このストーンの特徴

サファイアは、宝石としても知られるスペシャルストーンで、9月の誕生石としても知られています。ビーズなどとしての流通がありますので、パワーストーンとして身に着けることができます。すべての浄化方法が適しています。ただし、水での浄化も塩での浄化も長すぎると石の表面を傷めますので、短時間で行いましょう（1時間が限界）。パワーチャージ方法は、比較的すべての方法が適していますが、日光には長く当てないようにしてください。

✽ ストーンの効果

集中力、直感力を高め、災難をよける意味もあり、必要なチャンスをいつでも活用できるように整えてくれる石です。カリスマ性、勝負運、金運、仕事運を高めますので、経営者や部下がいるようなポジションの人には必ず必要となります。スポーツをする際は、自分1人で頑張る方にも、チームプレイで頑張る方にもオススメです。

スーパーセブン

7つの効果を併せ持ち、総合的に開運に導きます

ストーンのパワーと効果

パワー	✦✦✦✦
開運	✦✦✦✦
金運	✦✦✦✦

組み合わせNGストーン

ありません
どんなストーンとも
組み合わせ可能です。

❖ おすすめの組み合わせと効果 ❖

✚ ルチルクオーツ
変容のための力強い組み合わせで
す。あらゆるエネルギーを使って、
理想に近づけていき、願いをかな
えます。

✚ アメシスト
紫色がかったスーパーセブンとの
相性が抜群です。調和を促し、仲
間の結束を高めます。パートナー
シップの改善にも役立ちます。

✳ ストーンとのつき合い方

一粒に7つの鉱物が含有されている、非
常に珍しく貴重なストーン。右手に着ける
場合は、浄化に、左手に着ける場合は、
ほかの6つの効果を期待して身に着けて
ください。

✳ こんなときに

スーパーセブンを欲しているとき、あなた
はあらゆるエネルギーを使って前進した
い、変容したいと思っているときかもしれ
ません。7つの意味を持つスーパーセブ
ンだからこそ、そんな願いをかなえること
ができます。

✳ このストーンの特徴

スーパーセブンは、水晶、アメシスト、カ
コクセナイト、ゲーサイト、レピドクロサイ
ト、スモーキークオーツ、ルチルクオー
ツの7つの鉱物が1つに集まった石です。
すべての浄化方法が適しています。ただ
し、水での浄化も塩での浄化も長すぎる
と石の表面を傷めますので、短時間で行
いましょう（1時間が限界）。パワーチャ
ージ方法は、比較的すべての方法が適し
ていますが、日光には長く当てないよう
にしてください。

✳ ストーンの効果

7つの効果を期待できます。
1浄化　2癒やし　3愛情アップ　4事業
の成功　5現実化を高める　6守護　7調
和。また、持ち主の見えない力を高め、
不可能を可能にするストーンでもあります。

ストロベリークオーツ

人を愛し、愛されるようになります

ストーンのパワーと効果

パワー	✦✦✦✦✦
恋愛	✦✦✦✦✦
慈愛	✦✦✦✦✦

組み合わせNGストーン

オニキス　チベットアゲート

✤ おすすめの組み合わせと効果 ✤

＋ スーパーセブン

ピンクがかったものとの相性が抜群。スーパーセブンの意味合いが柔らかくなり、穏やかな気持ちで人とつき合えるようになります。

＋ ロードクロサイト

過去最高の美しさ、若々しさ、みずみずしさを引き出し、身に着けるだけで人が寄ってきて人気が高まる、不思議な組み合わせです。

✳ ストーンとのつき合い方

特に女性にオススメの石ですが、男性が身に着けても問題はありません。ペンダントやブレスレットとして身に着けるのがオススメです。

✳ こんなときに

ストロベリークオーツを欲しているとき、あなたは穏やかで優しい愛情を欲しているのかもしれません。また、女性らしさをアピールしたいという気持ちが高まっているのかもしれません。

✳ このストーンの特徴

水晶にゲーサイトまたはレピドクロサイトを含有しています。見た目は透明な中に赤い針などが入っている非常に美しく神秘的なストーンです。すべての浄化方法が適しています。ただし、水での浄化も塩での浄化も長すぎると石の表面を傷めますので、短時間で行いましょう（1時間が限界）。パワーチャージ方法は、比較的すべての方法が適していますが、日光には長く当てないようにしてください。

✳ ストーンの効果

身に着けることで、心から慈愛のエネルギーがあふれます。また、見た目が若々しく華やかになりますので、周りの人から注目を集めるようになります。常に向上心を持って身に着けると、効果を実感できます。

モリオン

最強の魔除けの石で、どんなときにも持ち主を守ります

ストーンのパワーと効果

パワー	✦✦✦✦✦
魔除け	✦✦✦✦✦
浄化	✦✦✦✦✦

組み合わせNGストーン **ありません**
どんなストーンとも組み合わせ可能です。

❧ おすすめの組み合わせと効果 ❧

✚ ラピスラズリ
最強の厄除けの組み合わせです。あらゆるものから、完全に身を守りたいときに身に着けましょう！

✚ ブラックルチルクオーツ
確実に、穏やかに変容したいときにオススメの組み合わせです。

✳ ストーンとのつき合い方

右手に着けると、強い浄化作用で直ちに浄化をしてくれます。また左手に着けると、強い守護効果が期待できます。左右に同時に身に着けることで、いち早く理想の形へと整えることができます。

✳ こんなときに

モリオンを欲しているとき、あなたは周りのエネルギーに敏感で、体調が不安定だったり、気持ちのアップダウンがあったりしているかもしれません。

✳ このストーンの特徴

黒水晶とも呼ばれるモリオンは、見た目は真っ黒ですが、光に当てるとかすかな透明感があります。また黒い石ですが、NGストーンがないので身に着けやすい石です。すべての浄化方法が適しています。ただし、水での浄化も塩での浄化も長すぎると石の表面を傷めますので、短時間で行いましょう（1時間が限界）。パワーチャージ方法は、比較的すべての方法が適していますが、日光には長く当てないようにしてください。

✳ ストーンの効果

非常に強いお守り効果で、持ち主を完全に守り、安全な毎日を過ごせるようになります。また、浄化効果も同時に期待できます。集中力を高めて、現実化が早くなるでしょう。霊感の強い方は、常に身に着けるようにするといいでしょう！

モルダバイト

前世のカルマを解消し、潜んだ問題を解決します

ストーンのパワーと効果

パワー	✦ ✦ ✦ ✦ ✦
癒やし	✦ ✦ ✦ ✦ ✦
成長	✦ ✦ ✦ ✦ ✦

組み合わせNGストーン
ありません
どんなストーンとも
組み合わせ可能です。

✤ おすすめの組み合わせと効果 ✤

✚ リビアングラス
なかなか解消されない気持ちなど
前世から持ち越したカルマを克服
し、新しいステージで活躍できる
ように導きます。

✚ アンバー
ここぞというときに、力を引き出し
てくれる組み合わせです。短期的
に頑張りたいときにオススメです。

❋ ストーンとのつき合い方

非常にエネルギーが高いので、ストーン
に慣れてない人は湯あたりのような状態
になることがあります。少し持ち主を選ぶ
ともいわれています。

❋ こんなときに

モルダバイトを欲しているとき、あなたは
自分1人では解決できない問題に向き合
っているか、何か自然な大きな力に身を
任せることで、大きく前進したいと思って
いるのかもしれません。

❋ このストーンの特徴

モルダバイトは、隕石が落下した際の熱
量と衝撃によって、地上の物質と隕石の
成分が溶かされて形成された天然ガラス
のことです。チェコスロバキアのモルダウ
川で最初に発見されたことから、モルダ
バイトと名づけられました。すべての浄化
方法が適しています。ただし、水での浄
化も塩での浄化も長すぎると石の表面を
傷めますので、短時間で行いましょう（1
時間が限界）。パワーチャージ方法は、
比較的すべての方法が適していますが、
日光には長く当てないようにしてくださ
い。

❋ ストーンの効果

カルマ（前世から持ち越されている課題）
を克服し、すべてにおいて、エネルギー
を上げていくことができるストーンです。
見えない力を向上させることにより、意識
が変わり、豊かさにつながります。特別
な力を欲しているときに、オススメのスト
ーンです。

リビアングラス

高いヒーリング効果を持ち、持ち主に最高の癒やしを与えます

ストーンのパワーと効果

パワー	◆◆◆◆◆
ヒーリング	◆◆◆◆◆
成長	◆◆◆◆◆

組み合わせ NGストーン

ありません
どんなストーンとも
組み合わせ可能です。

❖ おすすめの組み合わせと効果 ❖

➕ ムーンストーン
インスピレーションを高め、それを活用できるようになる組み合わせです。持ち主の見えない力を引き出します。

➕ モルガナイト
自分に優しく、他人に優しくすることができるようになる組み合わせです。身に着けるだけで、癒やしの効果を実感できます。

✳ ストーンとのつき合い方

非常に高いヒーリング効果がありますので、ヒーラーやカウンセラーなどの仕事をする際に手助けになってくれます。たくさんの人にかかわる仕事の人にもオススメです。

✳ こんなときに

リビアングラスを欲しているとき、あなたは見えない力を知りたい、活用したいという気持ちがあるようです。今世の目的を果たすときがやってきているのかもしれません。

✳ このストーンの特徴

リビアングラスは、エジプト西部で採れる天然ガラスのことです。隕石の衝突に由来しているという見方が有力です。すべての浄化方法が適しています。ただし、水での浄化も塩での浄化も長すぎると石の表面を傷めますので、短時間で行いましょう（1時間が限界）。パワーチャージ方法は、比較的すべての方法が適していますが、日光には長く当てないようにしてください。また、もろくて欠けやすいので、取り扱いは十分注意をしてください。

✳ ストーンの効果

前世のカルマを浄化し、今やるべきことを明確にし、新しいステージで活躍できるようにサポートしてくれます。高いヒーリング効果があるので、たとえ少しオーバーワーク気味であっても、目的のために力を使える成長をさせてくれます。

Ruby

ルビー

大胆で情熱的な行動を促します

ストーンのパワーと効果

パワー	✦✦✦✦✦
恋愛	✦✦✦✦✦
エナジー	✦✦✦✦✦

組み合わせ NGストーン ありません
どんなストーンとも
組み合わせ可能です。

❖ おすすめの組み合わせと効果 ❖

✚ **ストロベリークオーツ**
引き寄せ力が上がり、同性にも異性にも必要とされることが増えるでしょう。毎日、自信を持って過ごしたい方にオススメです。

✚ **ロードクロサイト**
とても官能的な組み合わせです。自分の魅力を最大限引き出したい、それを相手に伝えたい！というときに身に着けるといいでしょう。

❈ ストーンとのつき合い方

宝石の女王様ともいわれるほど、大胆で情熱的なストーンです。ペンダントやリングとして身に着けることがオススメです。

❈ こんなときに

ルビーを欲しているとき、あなたはもう少し大胆になりたい、アクティブになりたいという気持ちが強いようです。

❈ このストーンの特徴

ルビーは、産地によって色の違いが見られます。黒や紫の部分があるのは、さまざまな鉱物の中に育つからだといわれています。すべての浄化方法が適しています。ただし、水での浄化も塩での浄化も長すぎると石の表面を傷めますので、短時間で行いましょう（1時間が限界）。パワーチャージ方法は、日光が非常に苦手なので、気をつけましょう。ただし、保管する場合は明るい場所に置くようにしてください。

❈ ストーンの効果

何事においても、積極的でアクティブに動けるようになるでしょう。また、特に女性は身に着けることでフェロモンを出すことができ、モテるようになるでしょう。カリスマ性を高め、勝利を導く石としても人気があります。

誕生石について

日本における誕生石の歴史は、1958年に全国宝石卸商協同組合によって制定されたものからです。これが、2021年12月に改訂され、10種類が新しい誕生石として追加されました。新しい誕生石を含め、ご自分の誕生石をチェックしてみましょう。

ガーネット
状況を好転させてくれます。

アメシスト
人間関係を円滑に整えます。

クリソベリル・キャッツアイ
高い魔除け効果と未来を見通す力を与えます。

アクアマリン
安心感を与え、安定をもたらします。

コーラル（珊瑚）
マイナスの感情を浄化し、心が落ち込むのを防ぎます。

アイオライト
ビジョンストーン。思いを達成するのを後押ししてくれます。

ブラッドストーン
モチベーションを上げ、エネルギーを上昇させてくれます。

4月

NEW

▶ ダイヤモンド

あらゆる力を増大させます。

▶ モルガナイト

周囲に優しくなり、慈愛の心が宿ります。

5月

▶ エメラルド

高いヒーリング効果あり、感情を安定させてくれます。

▶ ジェダイト（ヒスイ）

努力が報われるときがやってきます。健康と豊かさのお守りです。

6月

NEW

▶ パール

愛と安らぎを与えてくれます。

▶ ムーンストーン

絆を深めます。

▶ アレキサンドライト

才能を伸ばします。

7月

NEW

▶ ルビー

情熱を傾けることができます。

▶ スフェーン

人脈を引き寄せてくれます。

8月

NEW

▶ スピネル

活力を見いだしエネルギーがあふれます。

▶ ペリドット

明るい未来に希望を見いだすことができます。

▶ サードオニキス

災いをはねのけ、幸運をもたらします。

9月

クンツァイト
トラウマを取り除き、真実の愛に出会うことができます。

サファイア
リーダーシップ力を磨き、努力を実らせます。

10月

オパール
新しい出会いをはじめとして、人生に希望をもたらします。

トルマリン
ストレスを解消し、活力と勇気を与えます。

11月

トパーズ
誠実に生きるための人生の道しるべとなります。

シトリン
ストレスを解消し、癒やしを与えます。

12月

ターコイズ
感情のコントロールに。お守り効果大。

ラピスラズリ
強力な厄除け効果が。幸せを呼び込みます。

タンザナイト
方向性を見つめ直し、運命をつくり出す力を与えます。

ジルコン
心のバランスを整え、穏やかな人間関係を引き寄せます。

パワーストーン風水

パワーストーンは、飾ったり身に着けたりするだけでなく、風水アイテムとしても活用ができます。パワーストーンを風水的に使うためには、自宅の各場所に原石を置くのが効果的。また、使い方によって自宅をパワースポットにする方法も。ぜひ試してみてください。

風水アイテムとして使ってみよう

●玄関やリビングに

気が落ちていると感じたら、透明で尖っている水晶のクラスターを室内に置くことで、ネガティブなエネルギーを浄化してくれます。キラキラと光を放つサンキャッチャーを使うのもおすすめです。サンキャッチャーは太陽の光で室内が虹色に輝く優れもの。窓際に吊り下げるだけで簡単に使えるので、玄関だけでなくリビングにも最適です。

● リビングに

人が集まるリビングには、ローズクオーツやアメシストがピッタリです。ローズクオーツは、心のバランス、身体のバランスを整え、安心感を与えてくれます。アメシストは、冷静に相手の気持ちを読み解き、関係を円滑にしてくれるストーン。不安な気持ちを静めて、ゆったりとした気持ちになることができます。

●寝室に

深く眠れない、寝つきが悪いなど睡眠のことで悩んでいる方は、寝室にアメシストを置くのがいいでしょう。アメシストの癒やし効果で深い眠りにつけます。また寝ている間に能力開発をしたい方や脳を活性化させて受験や試験に合格したい方には、ポイントタイプのルチルクオーツがおすすめ。目標達成のために強い気持ちで前進するサポートをしてくれます。

●仕事場に

仕事運をアップさせたい場合には、仕事部屋やデスクに、パワーストーンを置きます。変化したい、チャンスを引き寄せたいときには、気持ちの強さや決断力をサポートするタイガーアイを。金運を上げたい、目標を達成したいときにはルチルクオーツがいいでしょう。悪い気をもらいやすい方、厄除けしたい方には、モリオンやラピスラズリもおすすめです。

● そのほか、こんな方法も!

✳ 気の滞りが著しい場合

さざれ石と塩を混ぜ、畳にまいて掃除をすると、その場が浄化されて身も心もスッキリします。

✳ これから家を建てる場合

家の四隅に水晶を埋めると、結界が張られ、ネガティブなエネルギーを寄せつけなくなります。家を建てる方はぜひ試してみてください。

✳ 部屋のエネルギーを上げたい場合

ポイント（p.171 参照）の先を部屋の中心に向けて、四隅に置きます。エネルギーが増幅し、部屋全体がパワーアップします。

❶ パワーストーンを使って自宅に四神を作る

四神とは、日本や中国、朝鮮において天の四方の方角を司るとされてきた神獣のことです。北の守護神である「玄武 (亀)」、南の守護神である「朱雀 (鳳凰)」、東の守護神である「青龍 (龍)」、西の守護神である「白虎 (虎)」の4つから成り、それぞれ象徴する色やパワーストーンがあるといわれています。

西[白虎] → 水晶　　　　　　方角に合わせてそれぞれのパワースト
東[青龍] → ラピスラズリ　　ーンを置くことで、自宅が四神により
北[玄武] → タイガーアイなど　守られ (浄化され)、さまざまな福や
南[朱雀] → ローズクオーツ　良縁を授けてくれます。

❷ 鬼門・裏鬼門に水晶やアメシストのクラスターを置く

「鬼門や裏鬼門の方角に三備 (玄関・キッチン・水回り) を設けず」という言葉を聞いたことがある方も多いのではないでしょうか。

鬼門とは、鬼 (邪気) の出入りする方角とされる北東のこと。もともと古代中国で広まった考え方ですが、その後日本に伝来し「不吉な方位」として言い伝えられてきました。また裏鬼門は、鬼門 (北東) と反対の方角である南西を指します。陰陽道では、北東と南西は不安定になりやすいとされており、裏鬼門も鬼門と同様に不吉な方角です。

こうした悪い気を相殺するためには、鬼門と裏鬼門に水晶やアメシストのクラスターを置くのがおすすめ。鬼門の家相が悪いと「人間関係がこじれる」「財産にかかわる問題を抱えやすい」なんて言われたりしますが、パワーストーンがあればネガティブなエネルギーをしっかり浄化してくれます。

❸ 玄関にジオードを置く

ジオードとは、割ると中に空洞ができている石のこと。ジオードの内側は、アメシストで覆われていることがほとんどであり、結晶が内側に向けて成長するのが特徴です。

ジオードは繁栄の象徴であり、内側に良い運気をたくさんため込んでくれるといわれています。そのため、玄関やリビングに置くと自宅が最強のパワースポットに！　特に、家族の健康・長寿や財運アップに最適です。

パワーストーンの使い方・取り扱い方

パワーストーンを使うときには

パワーストーンは、持ち主のエネルギーを察知し、溶け込むように一体化します。そのため、気持ちがそのままストーンに反映してしまうことがしばしば。持ち主が不安になっていると、ストーンも不安になり、無駄にエネルギーを使って消耗させてしまいます。

パワーストーンに頼りきりになるのではなく、信じる気持ちを持って身に着けてください。感謝を込めて願い、頑張る気持ちを持ったあなたをサポートし、守ってくれます。

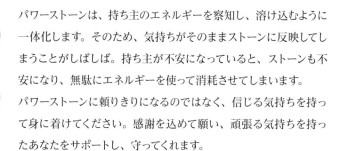

❶ アクセサリーとして身に着ける

アクセサリーとして身に着ける場合は、ブレスレット、ネックレス、ペンダント、アンクレット、ピアス、イヤリング、リングなど……としてお使いいただけます（p.175 参照）。

ブレスレット
モルガナイト＋
ロードクロサイト＋ピンク
オパール＋ローズクオーツ
＋クリスタルクオーツ（左）
ラリマー＋アクアマリン＋
クリスタルクオーツ（右）

❷ 持ち歩く

そのままバッグに入れてしまうと、衝撃で欠けてしまったり落としてしまったりするので、必ずポーチに入れて、ストーンを守ってあげてください。

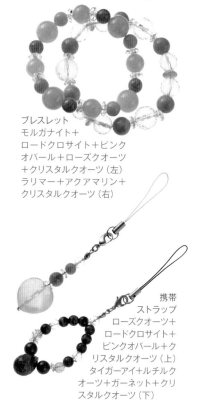

❸ 小物として持ち歩く

携帯電話は、エネルギーのやり取りをする媒体なので、ストラップはとても効果的です。そのときどきの気持ちや願い事に合わせて着け替えるのもいいでしょう。

携帯
ストラップ
ローズクオーツ＋
ロードクロサイト＋
ピンクオパール＋ク
リスタルクオーツ（上）
タイガーアイ＋ルチルク
オーツ＋ガーネット＋クリ
スタルクオーツ（下）

置き石としてお部屋に飾る

置き石として飾る場合、場所によってそれぞれ意味合いが異なります。

玄関

外部からのエネルギーが入る場所なので、厄除けしたいときはお守り効果の高いものを。また、周りの人と交流をしたいときは、コミュニケーション効果の高いものがオススメです。クリスタルクオーツ・アメシスト・パイライトなど。

リビング

リラクゼーション効果の高いもの。または、家族の絆を深めてくれる効果の高いもの。ローズクオーツ・アメシスト・フローライトなど。

寝室

安眠効果があるもの。ローズクオーツ・アメシストなど。

子ども部屋

集中力がアップしたり、頭の回転が速くなる効果のあるもの。クリスタルクオーツ・ルチルクオーツ・ガーデンクオーツなど（特に右の写真のような形をした「ポイント」がオススメ）。

どのような場合も、購入したら浄化とパワーチャージを行いながらお使いください。
また、パワーストーンを使うのに期限はありませんが、毎日身に着けるブレスレットやアンクレットのようなものであれば、3カ月に1回ゴムの交換をして息吹を与えてあげてください。そのほかのアクセサリーは、浄化とパワーチャージをしながらお使いいただければ大丈夫です。
また、ブレスレットを新しくする場合、「前のストーンは役目が終わった」と感じたら埋葬をし（p.181 参照）、まだ使いたいのであればリメイクをするといいでしょう。

＜パワーストーンの取り扱い方法＞

＊ パワーストーンに汚れがついてしまった場合は、柔らかい布かティッシュペーパーなどでふき取ってください。また、汚れがひどいときは、流水で洗ってください（水に弱いストーンの場合は、長時間つけることのないようにしましょう）。
＊ アクセサリーをはずしたときは、浄化とパワーチャージをしておいてあげるといいでしょう。
＊ 大切にしているアクセサリーを人が触ってしまったときは、なるべく早めに浄化してください。そのままにしておくと、その人のエネルギーがパワーストーンに染みついてしまいます。ときにはアクセサリーが壊れる、ストーンが割れるなどのトラブルになる場合もあります。

パワーストーンのお手入れ方法

パワーストーンのお手入れには、**浄化**と**パワーチャージ**があります。**浄化**は、人間がお風呂に入るようなもので、ストーンについた汚れやネガティブなエネルギーを解消するためのものです。

パワーチャージは、人間が食事をしたりするように、ストーンにエネルギーを補給してあげることです。

厳密には、お手入れには浄化とパワーチャージのどちらも必要で、どちらか1つでは不十分です。お風呂に入らないとどんどん汚れていくように、食事をしないとどんどん元気がなくなっていくように、そのままにしておくと、ストーンが疲労困憊してしまいます。浄化は、毎日最低限やらなくてはいけないことで、これをやっていれば絶対大丈夫ということではありません。色がくすんできた、変形してきた、表面がかすれたようになってきた……など、ストーンに変化が起きたら、必ず購入したお店に相談してみてくださいね。

では、自分でできる簡単ケアのご紹介をしていきます。お手持ちのストーンに合った方法であれば、どの方法を選んでも OK です。それぞれ1つ選んでお手入れをしてみましょう。

✦ ✦ ✦ ストーンの浄化法 ✦ ✦ ✦

ホワイトセージ
をいぶして
煙にくぐらせて
あげる

これは万能なやり方ですが、火を使うため
十分に気をつけて行ってください。
また、最近ではホワイトセージのエッセン
スオイルを使ったスプレータイプのものも
好評です。

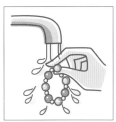

流水にさらす

水に強いストーンと弱いストーンがあります
ので、注意が必要です。水に弱いストーン
の場合、表面が凸凹になってしまう場合が
あります。

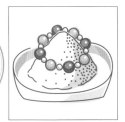

盛り塩の
上に置く

塩分に強いストーンと弱いストーンがありま
すので、注意が必要です。塩分に弱いスト
ーンの場合、長く置いておくことによって
表面にボツボツしたものができてしまう場
合があります。

Wisteria Kyoko

浄化シートの
上に置く

これは私が開発した浄化用グッズです。置
くだけで浄化ができ、場所も取らず便利で
す。また、苦手なストーンがありません。

浄化のタイミングは、最低1日1回。こまめに浄化してあげてください。

パワーストーンのお手入れ Q&A

Ⓠ 買ったばかりのパワーストーンをすぐに身に着けても大丈夫ですか？

Ⓐ いいえ、あなたのもとへやってきたストーンは、必ず浄化とパワーチャージをしてから
お使いください。お店に並んでいるパワーストーンは、あなたのもとに届くまでにたくさん
のエネルギーを吸収しています。採掘した現地の人→加工した人→原産地の業者→日本の業
者→あなたが購入したお店のスタッフ→そのお店に訪れているお客さま……と、たくさんの
手を介してあなたのもとへとやってきます。
中には、大事な人やすごいパワーの持ち主からいただいたものだから浄化しないという方も
いらっしゃいますが、もちろんその場合も浄化は必要です。浄化はネガティブなエネルギー
だけ取り除くので、安心して行ってください。浄化とパワーチャージをしたらストーンにあい
さつをし、これからどんなふうになりたいのか思いを伝えてみてください。

ストーンのパワーチャージ法

さざれなどの
チップストーンや
原石の上に置く

元気なストーンの上にのせることで、エネルギーを高める効果があります。

日光浴

日当たりの良い窓辺（室内側）にストーンを置き、ガラス越しの光を当ててあげてください。直接外に出す場合は短時間で。日光が苦手なストーンもありますので、注意が必要です。

月光浴

万能なパワーチャージ方法です。特に満月のときは、月のエネルギーがマックスなのでオススメです。月が見えなくても大丈夫。雲に隠れていても、月のエネルギーは届いています。月光浴の場合、必ず外に出して、月の光を直接当ててあげてください。一晩置いておくことが、効果的です（無理な場合は、窓の内側からでもOK）。

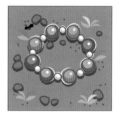

土の上に置く

万能なパワーチャージ方法です。ただし、汚れてしまった場合は水に弱いストーンもあるので、洗い方、ふき方にご注意ください。

（注意）チャージグッズとして使っているさざれや原石なども、必ず浄化しながらお使いください。基本的に、ストーンには自浄作用がありますが、永遠ではありません。また、弱ってしまう場合も大いに考えられますので、ときどき日光浴や月光浴をさせてあげてください。

パワーストーンのお手入れ Q & A

Q ストーンの色が変わってしまったようなんですが……。

A パワーストーンの色が変わるのには、2つの可能性が考えられます。まず、1つ目はストーンのエネルギーが活発で、躍動しているとき。この場合は、気にすることはありません。あなたが大切にしているので、ストーンが応えてくれているのです。購入したときより、カラーが鮮やかに感じられたら、活発な証拠です。

2つ目は、ストーンが疲労して、ネガティブエネルギーが充満しているとき。全体的に、カラーがくすみ、グレーがかって見えるときです。着け続けるとストーンもエネルギーを復活させたいので、あなたからエネルギーを吸収していきます。このようなストーンを着けていると、身体がだるい、着けている場所が痛い、かゆいなどの体感覚や、運気が著しく落ちたのを実感します。この場合は、埋葬して、元あった場所（自然界）に返してあげます。感謝の気持ちを込めて川や海に流すか、土に埋めてください。

パワーストーンアクセサリー

✦ ✳ ✦

キラキラ輝くパワーストーン。
身に着けることでそのエネルギーをもっと身近に感じることができます。
ここではオススメの着け方をご紹介しましょう。

ブレスレット
（左手に着ける）

左手は、気の入り口です。ここには、
お守りや開運効果のあるものを着け
るのがオススメです。すべてのストー
ンを左手に着けることができます。
今と未来をサポートするブレスレット
になります。

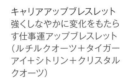

ラブハートブレスレット
ハート形のストーンを使った恋愛
運アップブレスレット
（ロードクロサイト＋ホワイト
ムーンストーン＋ローズ
クオーツ＋クリスタル
クオーツ）

キャリアアップブレスレット
強くしなやかに変化をもたら
す仕事運アップブレスレット
（ルチルクオーツ＋タイガー
アイ＋シトリン＋クリスタル
クオーツ）

リーディングブレスレット
パワーストーン カウンセラーが一
人ひとりに合ったストーンを導き
出して作るオリジナルブレスレット
（ラリマー＋ホワイトムーンストー
ン＋アクアマリン＋ブルーレース
アゲート＋アメシスト＋クリスタル
クオーツ）

ブレスレット
（右手に着ける）

右手は、気の出口です。ここには、
浄化の効果のあるものがオススメ
です。クリスタルクオーツやガーデ
ンクオーツなどがオススメです。
過去のネガティブなエネルギーを
取り除くブレスレットになります。

浄化ブレスレット（左）
（クリスタルクオーツ）

浄化ブレスレット（右）
（ガーデンクオーツ＋
クリスタルクオーツ）

アンクレット
（足首に着ける）

足は気の出口なので、浄化のパワー
ストーンがオススメです。ただし、開
運のアンクレットを着けたい場合は、
左足首に着けるようにしてください。

コミュニケーション
アップアンクレット
（クリスタルクオーツ＋アク
アマリン＋ラベンダーアメシスト
＋シーブルーカルセドニー＋ブルー
レースアゲート＋エンジェライト）

ピアス
イヤリング

耳元は、気の入り口です。すべてのス
トーンを身に着けることができます。
揺れるデザインのものは、特に運を
呼び寄せます。

恋愛キューピッドピアス
（ローズクオーツ＋ロード
クロサイト＋ピンクオパール＋
クリスタルクオーツ＋パール）

大粒のストーンを贅沢に
使用したSTARピアス
（チャロアイト）

ネックレス・ペンダント

首元は、気の入り口です。すべてのストーン
を身に着けることができ、引き寄せ・お守り
効果が実感しやすい場所です。また、喉元に
近いため、話すことに対する抵抗感を取り除
いてくれます。

さざれ石を使った、
ニュアンスネックレス
シトリン（上）
モルガナイト（下）

ブラックスピネルネックレス
使いやすい小粒タイプで、
ペンダントとの組み合わせ
も抜群。活力アップしたい
ときにオススメ。

ブラックスピネルネックレスと
セットで使いたいペンダント

ラピスラズリペンダント
厄除け・開運したいと
きにオススメ。

ロードクロサイトペンダント
新しい運気を引き寄せたい
ときにオススメ。

スギライトペンダント
ワンランクアップした
いときにオススメ。

ブルートパーズ
繊細に輝くJewelシリーズ。

ブレスレットの作り方

◆✳◆

❶手首の周囲を測ります。

❷手首の周囲＋2cm の長さにな
るようにストーンを並べます（ピ
ッタリサイズです。あとは、お好
みでサイズを調整してください）。

❸ゴムを通します。

❹固結びをします。
＊このとき、結び目が緩いとすぐ
にほどけてしまうので、しっかり
結んでください。

❺結び目から 5mm くらいのとこ
ろをカットします。

❻結び目にボンドをつけて、隣
のストーンの中に隠します。

でき上がり！

パワーストーンの選び方、使い方

Q 大きいほうが効果も大きいのですか?

A 身体とのバランスも重要です

もちろん、大きいストーンのほうがパワーがあります。ただ、大きすぎて使いづらいともったいないですね。身に着けてみて、いちばんしっくり身体になじむ大きさのものを選ばれるといいでしょう。また、初心者の場合、ストーンのエネルギーを強く感じるようです。小さいものから、だんだん大きくしていくのも、楽しみの1つかもしれません。

Q 値段の高いほうがパワーがありますか?

A 一歩先の自分を考えて選びましょう

パワーストーンの値段は、採掘量とグレードによって変わってきます。なので、一概に高いものは良くて、安いものはダメということでもありません。ただ、パワーストーンには持ち主の思いが反映されますので、「理想の自分になったときに選ぶ金額のもの」をお選びになるのが、開運への近道です。

Q 着けて就寝してもいいのですか?

A 着けて就寝するのをオススメします

パワーストーンは、基本的に浄化をしてくれるものなので、装着したままのほうがぐっすり眠れますし、体内浄化が進むのでオススメです。ただ、どうしても着けていられない方は、枕元に置いて眠るようにしてみてください。また、中には就寝時に向かないエネルギーのパワーストーンもあります。特にエネルギーが強く、前進タイプのパワーストーンは、リラックスできないといった問題もあります。その場合は、オフタイム用のブレスレットを用意するといいでしょう。

Q 着けたら腕が痛く なりましたが……

A まずは以下の２つのことを チェックしてみてください

痛くなったというのには、いくつかの原因が考えられますが、その中の２つをご紹介しましょう。まず１つ目が、ストーンが疲労していて、ネガティブなエネルギーを発散しているとき。このようなときは、ストーンの状態をチェックしてみてください。浄化＆パワーチャージを念入りに行うことで、解消されます。２つ目が、大きすぎてストーンのエネルギーに負けてしまっているとき。このようなときは、デザインを変えるなど、リメイクをするといいでしょう。

Q どんなタイミングで 変えるのでしょう？

A 自分が変わりたい と思ったときに

パワーストーンは、自分が変わりたいと思ったタイミングで変えましょう。または、自分自身のメンテナンスのために、定期的にストーンを変える方法もあります。このときはバイオリズムに合わせて交換されることをオススメします。ただ、特にブレスレットは長い間お使いになると、ゴムが摩耗して切れやすくなりますので、３カ月に一度はゴムの交換をしたほうがいいですね。

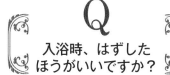

Q 入浴時、はずした ほうがいいですか？

A 水や洗剤に弱いものも あるのではずしてください

パワーストーンは、洗剤や入浴剤などに弱いものです。また、中には水に弱いストーンもありますので、入浴時は必ずはずすようにしてください。

Q 彼とおそろいを
持ちたいのですが

A おそろいのストーンで
幸せになってくださいね

彼とおそろいでパワーストーンを身に着けることで、お互いのパワーが共鳴し、幸せになれます。ただ、着けていれば幸せになれるということではなく、お互いを思いやれる気持ちを大切にしてくださいね。

Q バラバラになるのは
悪い暗示ですか？

A 現状を知らせる
合図です

パワーストーンのブレスレットのゴム（糸などの場合も）が自然に切れて、バラバラになってしまうのはよくあることで、いくつか原因が考えられます。1つ目は、ストーンの疲労によるもので、切れる前に大きくエネルギーを使った可能性があります。とても神秘的な出来事で、しっかり守ってくれたときは、かわりに切れてしまうこともあります。2つ目は、持ち主とパワーストーンとのエネルギーが合っていないとき。これは、新しいストーンに変えるための合図みたいなものです。ほかにも、ゴムが摩耗してしまった場合も考えられます。

いずれも悪いことの暗示ではなく、現状を知らせてくれるための合図です。

Q ペットにも着けて
あげたいのですが

A 首輪に着けてあげる方
が多いようです

ペット（犬や猫）にオススメのストーンというよりも、大切なペットですから、今の状態を把握することから始めてみてください。首輪として身に着けさせてあげる方も多いです。

Q 役目を果たした
ストーンの扱いは？

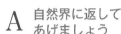

A 自然界に返して
あげましょう

エネルギーがなくなったり、疲労したりしたストーンは、感謝を込めて埋葬しましょう。埋葬というのは元あった場所（自然界）に返すこと。2つの方法をご紹介します。

〈川に流す〉
悲しいことがあったときのストーンは、川に流してください。

〈土に埋める〉
長い間お世話になったストーンは、鉢植えの土などは避けていただき、敷地内の地面に埋めてください。マンションなどにお住まいの場合は、近くに自然がたくさん感じられるところに。大地に浄化されて守り神としてのパワーを発揮してくれるでしょう。

Q 洗濯機で洗って
しまいました……

A まずは丁寧に
浄化とパワーチャージを

ブレスレットを誤って洗濯機で洗ってしまったのですが、どうしたらいいでしょうという相談を受けます。パワーストーンは、洗剤などに弱いため、慎重にならなくてはいけません。まずは、丁寧に浄化とパワーチャージをしてみてください。エネルギーが戻る場合はいいのですが、戻らない場合は感謝を込めて埋葬しましょう。

Q ストーンが割れたら
どうするのですか？

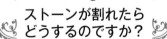

A 感謝を込めて
自然に返しましょう

ブレスレットのストーンの1つが割れてしまった場合、その原因はブレスレットのゴムが切れてしまったのと同じ理由が考えられます。割れてしまったパワーストーンは、しっかり埋葬してあげてください。

索引（50音順）

ア

アイオライト —————— 57、75、103、164

アクアマリン —————— 14、25、28、41、53、65、94、105、107、115、123、125、164

アゲートイン
クオーツ —————————— 150

アズライト —————————— 67、93、119、127

アパタイト ————————— 49、73、104、131

アベンチュリン ————— 16、30、37、39、47、77

アマゾナイト —————— 18、32、65、75、84、105

アメシスト ————————— 14、21、34、43、49、77、84、85、87、107、141、158、164

アメトリン ————————— 35、111

アラゴナイト ———————— 36

アレキサンドライト —— 165

アンバー —————————— 38、87、161

エメラルド ————————— 145、153、165

エンジェライト —————— 40

エンジェルラダー ———— 154

オーラクオーツ ————— 154

オニキス ————————— 15、24、35、42、85、95、103、113、119、127

オパール —————————— 166

オレンジムーン
ストーン ————————— 12、44、54、64、117

カ

ガーデンクオーツ ——— 17、46、55、153

ガーネット ————————— 13、24、39、48、61、83、104、113、135、144、164

カーネリアン —————— 22、45、50、64、75、135

カイヤナイト —————— 79、127、154

カルセドニー —————— 37、52、95

ギベオン —————————— 146、155

クオーツイン
クオーツ —————————— 150

グリーンアメシスト —— 31

クリスタル —————————— 17、43、47、54、94、95、
クオーツ   119、156

クリソコラ ————————— 56、129

クリソプレーズ ————— 53、89、109、111

クリソベリル・
キャッツアイ —————— 164

クンツァイト —————— 17、41、58、125、134、166

コーラル —————————— 164

ゴールデン
ダンビュライト ———— 149、156

ゴールデン
ルチルクオーツ ———— 147

サ

サードオニキス ————— 60、165

サファイア ————————— 145、154、157、166

サンストーン —————— 19、62、83、133

シーブルー
カルセドニー —————— 14、29、64、84、134

ジェダイト ————————— 19、26、57、66、165

シトリン ————————— 9、31、55、59、63、68、109、115、133、137、166

ジャスパー ————————— 70

ジルコン —————————— 166

スーパーセブン ———— 149、158、159

スギライト ————————— 72、87、148

スティブナイト
インクオーツ —————— 150

ストロベリー
クオーツ ————————— 149、159、163

スピネル —————————— 165

スフェーン ————————— 165

スモーキー —————————— 18、22、33、39、43、67、
クオーツ   74、74、77、79、83、85、
                            95、129、144

セラフィナイト —————— 76

ソーダライト ……… 78

タ

ターコイズ ……… 33、80、166

タイガーアイ ……… 19、21、39、51、63、82、93、99、103、143、133、135

ダイヤモンド ……… 165

タンザナイト ……… 129、166

チベットアゲート ……… 84

チャロアイト ……… 73、86、99、148

トパーズ ……… 166

トルマリン ……… 166

ナ

ニュージェイド ……… 69、88

ハ

パール ……… 41、90、165

パイライト ……… 9、92

ハウライト ……… 94

ピンクオパール ……… 10、96、117、139

ファントムクオーツ ……… 151

プラチナ
ルチルクオーツ ……… 147、155

ブラックスピネル ……… 13、98、143、157

ブラック
ルチルクオーツ ……… 147、160

ブラッドストーン ……… 12、49、71、100、164

ブルータイガーアイ ……… 102

ブルートパーズ ……… 41、104

ブルーレース ……… 14、23、29、35、65、97、
アゲート 106

プレナイト ……… 13、34、69、89、108、111

フローライト ……… 16、34、89、110、115

ヘマタイト ……… 112

ヘマタイト
インクオーツ ……… 154

ペリドット ……… 114、165

ボツワナアゲート ……… 53

マ

マザーオブパール ……… 12、37、91、116、137

マラカイト ……… 15、57、89、118

ムーンクオーツ ……… 120

ムーンストーン ……… 11、29、77、105、107、
117、121、122、137、
153、156、162、165

モリオン ……… 155、160

モルガナイト ……… 11、29、59、121、124、
139、162、165

モルダバイト ……… 146、161

ヤ

ユナカイト ……… 71、101

ラ

ラピスラズリ ……… 15、43、79、81、85、93、
99、103、119、123、126、
154、160、166

ラブラドライト ……… 18、25、33、47、57、67、
71、75、79、109、123、
127、128、134、133

ラリマー ……… 16、33、53、65、73、87、
105、111、124、129、
130、148

リビアングラス ……… 146、164、162

ルチルクオーツ ……… 9、23、47、55、63、67、
69、83、93、99、132、
139、157、158

ルビー ……… 139、145、163、165

レッドタイガーアイ ……… 134

レッドルチル ……… 45、51、63、97、101、
クオーツ 135、147

ローズクオーツ ……… 10、35、37、45、55、59、
61、69、73、91、97、107、
109、115、117、121、
123、125、136、144

ロードクロサイト ……… 10、45、49、51、59、97、
125、137、138、159、163

ロードナイト ……… 140

増補版
パワーストーン使いこなし事典

2023年2月28日　第1刷発行
2023年6月20日　第2刷発行

著　者／一般社団法人
　　　　パワーストーンカウンセラー協会
発行者／平野健一
発行所／株式会社主婦の友社
　　　　〒141-0021 東京都品川区上大崎3-1-1
　　　　目黒セントラルスクエア
　　　　☎ 03-5280-7537(内容・不良品等のお問い合わせ)
　　　　☎ 049-259-1236(販売)
印刷所／共同印刷株式会社

©POSCA 2023　Printed in Japan
ISBN978-4-07-453842-3

■ 本のご注文は、お近くの書店または主婦の友社コールセンター（電話 0120-916-892）まで。
＊お問い合わせ受付時間　月〜金（祝日を除く）　10:00〜16:00
＊個人のお客さまからのよくある質問のご案内 https://shufunotomo.co.jp/faq/

＊本書は『最新版　パワーストーン使いこなし事典』（主婦の友社）に新規内容を加え、再編集したものです。

一般社団法人 パワーストーンカウンセラー協会

20年間4万人の対面セッション、実績から生み出された、パワーストーンカウンセリングの普及のため、プロになりたい人たちの育成・サポートを行う。1000人のカウンセラーを育て、10万人に提供。「パワーストーンを使いこなし、悩みのない豊かな未来へ」をスローガンに、全国各地で、認定講師とパワーストーンカウンセラーが活躍中。

（協会主催の認定講座）
●パワーストーンの基礎を学ぶ
パワーストーン検定、
●パワーストーンを使った
カウンセリングができるようになる
パワーストーンカウンセラー認定講座

パワーストーンのプロを育成・サポート
一般社団法人パワーストーンカウンセラー協会ホームページ
https://posca-japan.com
代表理事 市川恭子

staff

装丁・デザイン／鈴木悦子
　　　　　　　（プールグラフィックス）
撮影／三富和幸（DNPメディア・アート）、
　　　松木 潤（主婦の友社）
イラスト／イケダアツコ
DTP／伊大知桂子（主婦の友社）
編集／中野明子（BBI）
編集担当／秋谷和香奈（主婦の友社）
写真提供／全国宝石卸商協同組合
　　　　　（164〜166ページ、ターコイズ以外）